《牛道嘉》蒋志鑫作品

投资大趋势

·基金明星篇·

央视财经◎编

海南出版社
·海口·

图书在版编目（CIP）数据

投资大趋势．基金明星篇 / 央视财经编．-- 海口：
海南出版社，2021.4

ISBN 978-7-5443-9847-3

Ⅰ．①投… Ⅱ．①央… Ⅲ．①投资 – 经济发展趋势 –
研究 – 中国 – 2021 Ⅳ．① F832.48

中国版本图书馆 CIP 数据核字 (2021) 第 050728 号

投资大趋势·基金明星篇

TOUZI DA QUSHI · JIJIN MINGXING PIAN

编　　者：央视财经
出 品 人：王景霞　谭丽琳
监　　制：冉子健
选题策划：张　琳　姚振山
编辑统筹：宣佳丽
责任编辑：张　雪
执行编辑：于同同　郑金波　余传炫
责任印制：杨　程
印刷装订：三河市祥达印刷包装有限公司
读者服务：唐雪飞
出版发行：海南出版社
总社地址：海口市金盘开发区建设三横路 2 号　邮　　编：570216
北京地址：北京市朝阳区黄厂路 3 号院 7 号楼 102 室
电　　话：0898-66812392　010-87336670
投稿邮箱：hnbook@263.net
经　　销：全国新华书店经销
版　　次：2021 年 4 月第 1 版　　印　　次：2021 年 4 月第 1 次印刷
开　　本：880mm × 1230mm　1/32
印　　张：7.75
字　　数：170 千字
书　　号：ISBN 978-7-5443-9847-3
定　　价：46.00 元

编者序一

张琳　中央广播电视总台财经频道主持人

资本市场一端联接着投资者，一端联接着实体经济，在现代经济和金融运行中，牵一发而动全身。

2020 年 3 月 9 日，美股出现几十年不遇的熔断，而且竟然在十天之内出现了四次，就连 90 岁的投资大师巴菲特都不得不感叹：活久见！更引发了大家对全球经济的担忧。基于当时市场的热度和困惑，央视财经迅速策划制作了 30 期《财经云直播：全球交易市场直击》系列直播，全平台总点击量超过 2 亿次。

这次全新的尝试，让我们感受到，大家对于专业和深度的财经知识有强烈的需求和期待。而作为国家级的主流媒体，定位于“专业、权威、价值”的央视财经，有能力也有责任源源不断地为大家提供优质财经内容。

2020 年年末，中国经济在全球一枝独秀，A 股指数不断上行，越来越多的人在谈论股市的热点变化，身边的亲朋好友都在关注各自的基金收益。职业的敏感性告诉我，市场需要专业和理性的声音，于是《投资大趋势》系列直播应运而生。从 2021 年 1 月 4 日第一个交易日开始，连续 30 天的超长直播，我们精选了来自不同类型的机构投资者和研究者代表，有新兵，有老将，他们对于中国资本市场发展的观察感受，以及对当前市场变化的判断分析，就像是各个不同的切面集中在一起的立体呈现。

股市投资不是撞大运，而是一个学习积累的过程，一段修行的旅程，一场与人性弱点的较量。

今天，我们将直播的内容通过文字的方式沉淀下来，多重视角、层层递进、抽丝剥茧，试图让投资者在享受一场财经盛宴的同时，未来可以用更加专业、理性、全面、长情的眼光，去看待这个市场，去对待自己的投资行为。

2021 年对于中国资本市场，乃至整个中国经济，都是一个新的历史节点。站在这样一个拐点之年，面对扑面而来的权益投资大时代，你的选择会是什么我们不得而知，但央视财经和我们每一位财经媒体人，愿和你一起学习，相伴成长，共享中国经济增长的红利！

编者序二

姚振山　中央广播电视总台财经频道主持人

股市是个多解的方程。

上涨，有不同的理由解读；下跌，也有不同的理由解读，没有标准答案。

这也正是股市的魅力，没有人能够次次预测准确，一切都是概率，下一次买卖总是新的开始。

进入股市，可以是为了求知，了解投资这门学问；可以是为了淬炼自己的性格，学会如何面对人性中的贪婪和恐惧；也可以专门为财富积累而来，找到适合自己的理财方式。

股市里，多空论战应接不暇，培训课程花样繁多，研究报告汗牛充栋，热点事件层出不穷。芸芸众生被吸引，被诱惑，被兴奋，被悲伤，蜂拥而至，流连忘返。

常有开幕，鲜有闭幕。

很难有一个市场，让人的七情六欲能够展现得淋漓尽致：时而欲哭无泪，时而飘飘欲仙，时而蠢蠢欲动，时而痛不欲生，时而望眼欲穿，时而惊喜欲狂。总之，欲罢不能。

工欲善其事，必先利其器。

希望《投资大趋势》系列，能给多解的方程贡献多个正确答案。希望求知者了解股票投资行业的规律，希望性格淬炼者了解投资需要具备的坚韧、专注、自信和孤独；希望为想要实现财富增值的人提供打开财富之门的钥匙。

无论是资深的行业研究人士——能用最宽阔的视野看待产业变迁，还是阶段性的收益率新贵——能够敏锐地捕捉高增长的红利，抑或是经历过多个牛熊转换未被市场淘汰的“老戏骨”——表现出来的稳健和淡定，相信“总有一款适合你”。

找到属于自己的答案，让投资变得简单。

序　一

从分享中受益

屠光绍　上海新金融研究院理事长
上海交通大学上海高级金融学院执行理事

由央视财经编写的《投资大趋势》系列丛书，通过证券、公募基金和私募基金多位资深从业者的视角，回顾了中国资本市场过去 30 年波澜壮阔的发展历史，分析了当前资本市场的现状，也对中国资本市场今后发展的方向和趋势进行了展望。此书既是从中国资本市场重要参与者的视角观察了解资本市场的生动媒介，也是资本市场投资者丰富金融知识和提升投资意识的有益之作，值得一读。

经过 30 年的发展，中国 A 股市场目前有超过 1.8 亿个开户帐户，投资者众多。广大投资者，尤其是新开户的投资者，如何认识和了解投资相关知识，如何理解中国证券市场，以及如何树立自己的投资哲学和投资理念，都是中国资本市场进一步发展过程中非常重要的问题。

人们试图了解和理解一个事物，往往可以通过两种不同的方式。一种方式是通过自己学习、研究和实践去体会；而另外一种方式则是通过其他人的认知、体会和实践来认识。当然，如果能将自己的学习实践和别人的经验体会结合起来就是更有效率的方法，了解和认识金融市场也是如此。为了能够更加充分地了解证券市场，广大投资者可以通过自己的学习和实践，付出真金白银的学费；也可以通过其他证券市场的参与者，尤其是深度实践者的亲身经验、体会和教训，来了解证券市场的发展，学习投资技能，培养自身的投资意识和素质。因此《投资大趋势》系列丛书的编写者做了一件有意义的事。

本系列丛书所聚焦的人员，既有来自证券公司的翘楚，也有来自公募基金和私募股权基金的精英，大都是资本市场的资深参与者。他们不但有关于丰富的资本市场理论知识和实战经验，而且不少还有在中国 A 股市场管理投资的影响力和口碑。正是基于这些经验和成绩，本系列丛书把他们的经验和体会分享给读者，不但能给读者了解中国资本市场提供独特的视角，而且能给读者带来丰富的启示。

资本市场的发展，离不开资本市场参与者的共同努力。作为中国资本市场发展过程的参与者和研究者，我对中国资本市场发展的历史、现状和趋势一直关注，因此我推荐本系列丛书给大家，希望热情参与资本市场投资、有志于推动中国资本市场发展的读者朋友们能读读此书。

是为序。

序　二

中国资本市场三十年：三座丰碑，一个目标

吴晓求　中国人民大学学术委员会副主席　金融学一级教授

中国资本市场研究院院长

中国人民大学原副校长

从 1990 年年底到现在，中国资本市场亦即沪深交易所的建立和运行已经三十年了。“三十而立”的中国资本市场正在展现新的希望，迈向新的台阶，奔向新的目标。

三十年来，中国资本市场虽历经坎坷，但终于走出来了，取得了不凡的成绩：从 13 家上市公司到现在的超过 4100 家上市公司，从几十亿元市值到近 80 万亿元市值，从几十万投资者到今天的 1.8 亿个开户帐户，金融资产和社会财富得到了快速增长。

三十年来，资本市场发展对中国社会进步和经济发展产生了广泛而深刻的影响。三十年来，我们进行了艰苦卓绝的探索，不断改革，不断前行。三十年艰难探索，留下了三座丰碑。

一是沪深交易所的创设和运行，是中国资本市场发展的历史起点，开启了中国金融“脱媒”的时代，是中国资本市场发展历史上具有开天辟地意义的第一座丰碑。

上个世纪 90 年代初创设的沪深交易所，对中国资本市场来

说，是开天辟地的伟大创举，是中国资本市场发展历史上第一座里程碑，意味着中国金融“脱媒”时代的来临，拉开了中国金融市场化改革的大幕。我们非常感谢那个时代改革的先驱者，那个时代资本市场创设的拓荒者。感谢他们的巨大勇气和智慧。在当时乃至之后相当长一段时间，人们并没有深刻地认识到，资本市场对中国经济发展和金融改革所具有的重大作用和深远意义。

二是股权分置改革，开启了中国资本市场制度规范的时代，是中国资本市场发展历史上的第二座丰碑。

由于历史的原因，中国资本市场在发展初期，上市公司存在两类股东：流通股股东和非流通股股东。从流动性角度看，这两类股东的股权处在分置状态，这种分置状态一直延续到 2005 年 5 月。市场实践和理论研究都表明，股权分置的制度设计，体现了在转轨经济条件下建立资本市场的智慧，但也不可避免地造成了上市公司两类股东利益的内在冲突，是上市公司做不好、走不远的重要制度障碍，是制约中国资本市场发展最重要的制度性原因。为了中国资本市场未来的发展，必须推动股权分置改革。

经过几年的探索和理论研究，在党中央、国务院的领导下，在中国证监会的积极推动下，在相关部门的有效配合下，2005 年 5 月，中国证监会正式启动了中国资本市场最波澜壮阔、利益最复杂的股权分置改革。到 2007 年 4 月，全面完成了股权分置改革，实现了市场全流通和上市公司股东具有共同利益机制的改革目标。

股权分置改革不仅有效地解决了股权分置对上市公司和市场带来的种种危害，构建了上市公司不同股东之间共同的利益机制，而且还实现了国有资产在改革中获得巨大增值、市场获得巨大发展的双赢局面。股权分置改革的成功，使中国资本市场进入了正确的发展轨道。所以，股权分置改革无疑是中国资本市场发展历史上第二座里程碑。作为一名金融学教授，我有幸参加了股权分置改革的全过程，并贡献了自己有限的力量。感谢那个时代为股权分置改革的成功做出了巨大贡献的人们，历史不会忘记你们。

三是注册制改革，开启了中国资本市场市场化的时代，是中国资本市场发展历史上的第三座丰碑。

2019 年 6 月 13 日，上海证券交易所在新创设的科创板推行了股票发行制度注册制改革试点。一年后，在深圳证券交易所创业板试行注册制改革。注册制改革引起了市场的积极反应。一年多来，市场总体运行稳中有升，趋势良好。发行制度改革是资本市场制度改革的枢纽。注册制改革回归了资本市场的本源特征，是贯彻落实市场是资源配置的决定性力量的重要体现。随着注册制改革的深入推进，围绕注册制改革而展开的资本市场全方位、立体式市场化改革已经启动。

注册制改革，开启了中国资本市场市场化的时代。中国资本市场由此进入一个新的发展阶段。历史将会为注册制改革树立第三座里程碑。

四是建设 21 世纪新的国际金融中心，是中国资本市场追求的伟大目标。

三十年，我们不忘初心，牢记使命；三十年，我们卧薪尝胆，艰难探索；三十年，我们不畏困难，勇敢前行；三十年，我们蹚过了急流险滩，翻越了雪山峻岭，留下了三座丰碑。如此艰难而又矢志不渝，我们在追求什么？我们的梦想又在哪里？我们始终怀揣着一个伟大的目标：将中国资本市场建设成 21 世纪新的国际金融中心。这个伟大目标，是“中国梦”的重要元素。

实现这个伟大的目标，需要全社会的共同努力；需要经济的持续成长，创新能力的不断提升，市场化改革的深入推进和开放之门越开越大；需要坚实的法治基础，严格的契约精神，充分的透明度和行稳致远的人民币长期信用。

我坚信，我们一定能够实现这个伟大的目标。

序　三

中国资本市场未来可期

宋志平　中国上市公司协会会长

2020 年是中国资本市场诞生 30 周年。在这波澜壮阔的 30 年中，我国资本市场从无到有，从小到大，从弱到强，取得了瞩目成就，为国企改革、民企发展、科技创新等事业做出了卓越贡献。站在 2021 年新的历史节点上，我们向着建立一个更加规范、透明、开放、有活力、有韧性的资本市场的目标继续努力。

央视财经编写的这套《投资大趋势》系列丛书正当其时，通过与证券、基金和私募等领域多位资深从业者的深度访谈，聚焦和深挖行业以预判投资趋势，向外界传达对我国未来资本市场的坚定信心，激励投资者把握战略机遇期，共同迎接权益投资大时代。作为中国上市公司协会会长，我亦感振奋人心，我国资本市场未来可期。

党的十九届五中全会审议通过了“十四五”规划和 2035 年远景目标，全面擘画了我国发展新征程的宏伟蓝图，也为资本市场的发展指明了方向。“十四五”期间，资本市场有三件事情很重要——实行股票发行的注册制、建立常态化的退市机制、提高直接融资的比重，我们的目标和方针都非常清晰。

我们有理由相信中国资本市场将迎来一个稳定、健康发展的新时期。一是双循环新发展格局为中国上市公司提供了更广阔的市场视野和舞台；二是资本市场改革不断推进，制度不断完善，如科创板的开板、新《证券法》的出台、创业板试点注册制的落地、《关于进一步提高上市公司质量的意见》的印发等，这些都具有重要意义；三是资本市场的发展思路很明确。

中国资本市场体现了中国经济的底气和力量，正如熊彼特所讲的“资本的主要功能是用于创新”，现在无论是科技创新，还是企业成长，发展到一定程度都离不开资本市场的支持。资本是企业家创新的杠杆，再优秀的企业家，假定没有资本的支持，也很难做成事。美国不少高科技公司，就是靠纳斯达克等资本市场的培育发展壮大的。今天中国企业创新速度能够加快，也是源于资本市场的支持，同时这些企业快速成长的高市值也支持了资本市场的发展，并为投资者创造了财富。

在这个过程中，我们看到中国资本市场也发生了很多积极变化，其中一个就是从以传统经济为主导逐步转变为以创新经济为主导。创新经济为资本市场增添了新的活力，创新经济和资本市场的结合是今后推动资本市场成长和发展的重要抓手，其中蕴藏着巨大的机会。这是我们看待未来资本市场时要认识到的一个本质性的变化。

所以对于各地而言，要发展创新经济，就要开展多层次资本市场的建设，将创新的事业和资本接轨。支持企业加大股票、债券、私募股权基金等直接融资力度，动员更多的社会资本，让好企业实现良性发展，有效降低负债率。

中国资本市场未来可期，关键有四点原因：

第一，经济基本面。2020 年我国 GDP 增长 2.3%，是全球唯一实现正增长的主要经济体，可谓一枝独秀，这是不容易的。今年政府工作报告提出 GDP 预期增长 6% 以上，保持稳中向好。大家都很看好中国经济的未来。

第二，监管水平。这几年，监管层按着“建制度、不干预、零容忍”的方针，遵照市场化、法治化和国际化的思路积极推进监管工作，方向十分明确，步子非常稳健。

第三，上市公司质量。当前我国沪深两市共有上市公司 4230 家，总市值达 78 万亿元，A 股上市公司累计现金分红 8.4 万亿元。作为资本市场的主体，上市公司质量好不好关系到资本市场的长远发展。在新发展格局下，上市公司要主动承担高质量发展的主体责任，认真贯彻落实《关于进一步提高上市公司质量的意见》的各项要求，牢记初心使命，真正做到“知敬畏、守底线、尽责任”，提高公司治理水平，做优做强。

第四，投资生态。我国资本市场投资者数量已突破 1.8 亿。其中自然人投资者数量占比 99.77%，机构投资者数量占比 0.23%，散户居多，机构偏少，但这种情况正在逐步改变。下一步我们还应聚焦的重点：一是大力发展机构投资者，吸引更多中长线的资金入市；二是引导散户的资金归集到成熟、有经验、有水平的机构投资者手中；三是保护小股东的利益，让投资者有获得感；四是提高散户投资者的投资水平，引导他们做好企业的基本面分析，坚守长期价值投资，降低风险，改善投资生态。

总之，做好资本市场是多方面的工作，需要发挥合力，上市公司要和投资者共同努力，当然还需要媒体的正确引导。无论是宣传资本市场取得的成绩，还是在提高上市公司质量、进一步做好资本市场等方面，我们都希望媒体能发挥积极的正能量，引导投资者逐渐走向成熟。

资本市场“三十而立”，我们要在这样的基础上继续向前发展，责任重大，任务艰巨，使命光荣，我们将不惧风雨，不畏艰难，满怀希望迎接资本市场崭新的未来。

序　四

中国基金业将迎来黄金时代

范勇宏　鹏扬基金管理公司董事长

2021 年是中国经济的复苏之年，是两个百年目标交汇之年，也是“十四五”规划开启的第一年，中国正面临百年未有之大变局的历史时刻，无论是经济的可持续发展，还是科技创新和自主替代，都需要强大的资本市场融资助力。

我看了央视财经在年初举办的融媒体直播节目《2021 牛年投资大趋势》，节目形式很好，社会反响热烈。

20 多年来，伴随着中国经济高速发展、居民财富急剧增加，以及资本市场快速发展，中国基金行业发生了巨大变化。

一是公募基金从无到有，从小到大，发展成为中国资本市场上重要的机构投资者，成为中国金融市场的重要组成部分。20 多年来，公募基金规模实现了从 1998 年初期的 40 亿元到 2021 年 1 月底的 20 万亿元的大跨越，创下公募基金 20 多年以来的新记录。通过汇集广大中小投资者的闲散资金，形成规模巨大的基金，投资于那些优秀的企业和企业家，服务了实体经济，促进了经济转型和资本市场的健康发展。

二是公募基金越来越大众化、普及化，成为发展普惠金融的重要载体，成为中国家庭实现财富长期保值增值的主要理财工具。不久前理财通发布的《2020 年国民收入及年终奖调研报告》中，有 40.2% 的人选择会用年终奖进行投资理财。“炒股不如买基金”越来越深入人心，投资者从基金中获得了较好的投资体验。基金理财不再是口号，而是成为人们生活方式的一部分。作为大众理财工具，公募基金已经成为社会公众实现财富长期保值增值的重要方式。

三是基金管理人公司治理发生了重大变化，从以股本为核心逐步转变为以人本为核心，并出现了专业人士控股的基金管理公司，这是过去 20 多年来公募基金行业乃至金融行业公司治理发生的重大变化。

四是私募基金迅速崛起，成为中国基金业的重要组成部分和中国资本市场上的重要机构投资者。2007 年，最早一批明星基金经理离开公募机构，加入到阳光私募基金创业行列，成为第一批“公奔私”的弄潮儿。随着私募基金的合法化，近年来私募基金管理人数量明显增多，规模增长明显加快。2020 年是私募基金的“丰收年”，全年新增产品数量近 1.3 万只，创出了历史新记录。截至 2020 年年底，私募证券投资基金管理人有 8908 家，管理私募证券投资基金规模达 3.78 万亿元。一批规模大、运作规范、长期业绩良好的私募基金脱颖而出，显示出旺盛的生命力。

在中国资本市场建立 30 周年之际，中国资本市场面临着巨大的历史发展机遇。

一是中央前所未有地高度重视，“资本市场牵一发而动全身”“增强资本市场枢纽功能，全面实行股票发行注册制”。

二是从股票供给看，随着注册制的全面实施，大量有发展潜力的科技公司、新经济公司上市，为资本市场注入了新鲜血液，为基金等机构投资者提供了更多的选择。

三是从理财需求看，房地产投资时代的结束，保本保息理财产品刚性兑付的打破，财富管理需求巨大。基金作为连接储蓄与投资的纽带，在储蓄转化为投资的过程中公募基金将发挥独特的重要作用。

四是从全球看，在全球经济增长乏力、全球低利率环境下，中国 GDP 稳定增长，并且始终保持正利率，国际投资者在中国还有很大的配置空间。

五是资本市场基础制度建设正走在前所未有的正确大道上，以“建制度、不干预、零容忍”构建资本市场发展良性生态，资本市场基础建设会更加稳固。

随着资本市场法制化、市场化、国际化步伐的加快，中国资本市场进入了一个新的历史发展阶段。从长周期看，看好中国资本市场的长期走势。短期看，要处理好全面注册制带来的股票供给过大与中长期资金来源不足的问题，需要充分考虑股票二级市场的承受力，避免股市大起大落。要超常规地发展基金等机构投资者，拓宽各类中长期资金来源，特别是要大力发展养老基金、企业年金等长线资金，为全面注册制提供充足的资金保障。同时，要大力提升上市公司质量，增加市场吸引力；要优化上市公司分红机制，助力长期投资者获得长期稳定的收益；要发展衍生品市场，给机构投资者提供更多的风险对冲工具。长线资金入市不仅有利于价值投资，避免暴涨暴跌，增强市场稳定性，促进居民储蓄向投资转化，而且有利于提高直接融资比重，更好地支持实体经济特别是科技企业的大发展。

资本市场的大发展，必然推动基金行业的大发展。基金种类、规模将实现历史性的大跨越，中国基金业正迎来发展的黄金时代。再过 20 年，作为经济大国的中国一定会成为基金的大国，中国的“贝莱德”“先锋基金”一定会出现，一批投资大师甚至世界投资大师也将会脱颖而出。这是中国基金发展的时代！

这是中国资本市场的机会，是机构投资者的机会，也是普通投资者的机会。在建立中国普惠金融以及现代金融体系的新征程中，公募基金将发挥更大的作用，有着更加光明的未来。

未来 20 年，中国基金的故事将更加精彩！

目 录

CONTENTS

编者序一　张琳

编者序二　姚振山

序一　从分享中受益　屠光绍

序二　中国资本市场三十年：三座丰碑，一个目标　吴晓求

序三　中国资本市场未来可期　宋志平

序四　中国基金业将迎来黄金时代　范勇宏

PART 1　陪伴优秀公司成长

姚振山 vs 农银汇理基金投资部副总经理、基金经理　赵诣

做长期投资者 _004

陪伴优秀企业成长 _010

能力圈投资 _014

2021 年可以关注哪些行业 _015

不管牛熊更迭，都可以做定投 _022

PART 2 全球经济复苏，看好低估值、顺周期和新能源

姚振山 vs 创金合信基金经理　李游

新能源：以时间消化估值 – 028

何谓“周期成长” – 032

为龙头股估值 – 035

2021 年：无牛市，看细分 – 038

PART 3 新能源赛道到底有多长

张琳 vs 华夏基金投研部高级副总裁、基金经理　郑泽鸿

为什么对新能源赛道情有独钟 – 048

控制好回撤，忍受住波动 – 051

产业链的细分机会 – 054

2021 年的市场变化 – 058

给基民的建议 – 061

PART 4 拥抱变化，守正出奇

张琳 vs 新华基金经理 刘彬

投资如何“守正出奇” – 068

细话新能源 – 072

变化中的机会 – 077

赚自己能懂的钱 – 081

PART 5 深挖“三好”投资标的

姚振山 vs 鹏华基金经理 孟昊

立足产业，挣业绩增长的钱 – 088

继续看好新能源赛道 – 091

自饮比例提高给白酒带来新机会 – 097

“三好”选股标准 – 101

PART 6 投资中的“靠山吃海”

姚振山 vs 前海开源董事总经理、权益投资决策委员会主席、联席投资总监、基金经理 曲扬

港股的“拐点”– 110
“精神消费”或“物质消费”– 114
选股的三个维度 – 119
淡化择时操作 – 123
我的投资反思 – 127

PART 7 用长期思维深耕大消费市场

张琳 vs 诺德投资研究部研究总监、基金经理 罗世锋

价值投资，穿越牛熊 – 134
白酒股的投资属性 – 137
舌尖上的投资 – 140
投资“第一性原理”– 145
不要过于关注股市 – 147

PART 8 掘金十年"黄金赛道"

张琳 vs 华商基金权益投资副总监、基金经理 梁皓

收益和风险的均衡 – 154

顺周期的投资机会 – 156

"黄金赛道"上的投资机会 – 160

估值泡沫和估值洼地 – 164

优选行业基金 – 167

PART 9 大周期与小周期

姚振山 vs 汇丰晋信基金经理 陆彬

新能源产业链的"长鞭效应" – 174

在"相对景气的前夜"落子 – 181

大周期与小周期 – 185

"调研狂人"谈调研 – 188

5G 与光伏的未来前景 – 192

PART 10 在成长性行业赚周期的钱

张琳 vs 广发基金经理　郑澄然

"90后"基金经理凭什么 – 200

适时调仓，赚周期的钱 – 203

关于供需拐点的判断 – 207

顺周期的赛道切换 – 210

深度调研，高效验证 – 214

PART 1

陪伴优秀公司成长

姚振山 vs 农银汇理基金投资部副总经理、基金经理　赵　诣

赵 诣

农银汇理基金投资部副总经理、基金经理

清华大学机械制造与自动化专业本科，仪器科学与技术专业硕士。2012 年加入申银万国证券研究所任机械行业分析师，2014 年 7 月加入农银汇理基金，历任研究员、基金经理助理，现任投资部副总经理（主持工作）、基金经理。

目前管理规模达 225.50 亿元。所管理的农银工业 4.0 混合、农银新能源主题混合以及农银研究精选混合基金在 2020 年分别以 166.56%、163.49% 及 154.88% 的收益率位居主动混合开放型基金前三；管理的农银海棠定开混合以 137.01% 的收益率位居主动股混封闭型基金第一名。

注重公司调研与研究，聚焦黄金赛道，潜心挖掘景气行业中长期业绩向好、成长性确定的公司，操作上多长期集中持有，持仓换手率偏低。从个股选择来看，坚持从两个维度挑选：一选赛道，二看公司。

❖ *这些企业股价的上涨来自两个维度，一个是股价估值的提升，一个是业绩的增长。*

❖ *制造业是我们国家的立国之本，我国未来发展的大方向也会在这方面。*

❖ *一家公司的治理结构至关重要。如果这家公司的管理层是有梦想、有愿景的，愿意为公司未来的长期发展而努力，愿意跟股东分享利益，那么这家公司可能更容易获得成功。*

❖ *竞争格局决定着企业能从所在行业中分走多少，如果竞争格局稳定，公司未来的确定性就相对更高。*

❖ *我还希望这个行业的赛道足够长，是长坡而不是陡坡。陡坡意味着只有很短的时间，公司的生命周期非常短，投资的周期相对而言也比较短暂，短暂的生命周期意味着买完之后随时要想着卖。*

❖ *我能容忍这个企业在行业景气度比较差的时候没有利润。因为即使是像茅台这样的优秀企业，在某些时间周期里，利润也可能会出现下滑。*

❖ *对普通投资者而言，我们其实更希望大家能够把专业的事情交给专业的人来做。*

❖ *随着我们整体收入的增加，也随着老龄化进程的加快，消费、*

医疗服务等就是我们需要去关注和重点去投资的。

❖ *新能源车是前景非常好的、时间维度非常长的赛道。*

❖ *医疗、体检这些行业可能会是在我们的日常生活中影响越来越大、越来越受重视的行业，这里面的机会也会越来越多。*

❖ *一个成长着的或者持有的周期可以拉得很长的公司，我们可以不计较短期的业绩增长，而是更看重这个公司能够成为什么样的公司。*

❖ *从长期维度来看，起点、终点是相对更明确、更容易判断和跟踪的一个东西，至于中间的路怎么走，下一个路口是红灯还是绿灯，其实都是很难判断和预测的。*

❖ *以长期定投的方式投资基金，大概率是能够让你享受到超越理财产品的收益率的。*

做长期投资者

姚振山：回顾一下 2020 年的操作过程，你的十大重仓股在 2020 年的四个季度中变动不大，而且是比较集中的，我感觉你是一个集中持股的代表，你应该是秉持着买成长股的思路，而且集中在锂电、光伏、军工这几个领域。还原一下 2019 年——也许是下半年，也许是年底——当你在制订 2020 年的投资计划的时候，你做了哪些调研和思考，从而让你笃定

2020 年是这几个行业的一个大年?

赵　诣：从整体来看，在 2019 年年底，我自己和我们整个团队都觉得新能源板块会在 2020 年有一个相对比较好的表现，但能够好到这种程度其实也是出乎我们意料的。我的投资组合里比较大的方向是军工、新能源，尤其是光伏和新能源车，因为我自己是研究机械军工出身的，所以我的投资组合里常年会有一只以上的军工股。下面我首先从军工板块开始说一说我为什么会长期持有这些股票。一方面，以我的理解，军工的商业模式是偏必选消费的模式。我国整体的军费开支的增速是 GDP 增速的 1.5 倍左右，也就是说，如果 GDP 增速是 6%，当年军费开支的增速大概就在 8%～9%，有的时候也可能会多一点，因此整体的增速相对平稳。另一方面，它又和必选消费不一样，它的终端客户和消费群体其实是政府，所以军工企业的溢价能力比较弱，因此在这个赛道上面选公司，我更偏向于选产业链上游的公司，因为上游是比较市场化的行业，能够承载行业的稳定增长。我会给这类能持续稳定增长的公司配置比较稳定的基础仓位。一般来说，越处于产业链上游的公司市场化越强。此外，参与竞争的企业可以借助自己在技术或者管理上的优势脱颖而出，这些企业从投资的角度来看，也比较市场化，能够让我们充分研究、预测、跟踪。

为我带来更大的收益的是新能源板块。为什么我会在 2019 年年底买新能源车？为什么 2019 年一季度我就买了光伏，后面又为什么大量追加投入？原因在于 2019 年对于所有公募基金，包括国内的龙头企业来说，都是一个大年。这些企业股价的上涨来自两个维度，一个是股价估值的提升，一个是业绩的增长。但是我们可以看到，整个新能源板块——无论是光伏，还是新能源车——均处于业绩增长但是估值下降的环境中，为什么会出现这样的情况呢？光伏是由于相关政策出台时间比较晚，导致并网的时间不在年内，并网延后又对业绩产生了一定的扰动。新能源车则是由于补贴的滑坡，导致整体的销售出现前高后低的局面，从而使得基本面变差。但是，估值下降也意味着风险释放，同时说明市场关注度相对比较低。在没有泡沫甚至出现折价市场的时候，我们更容易或者说更可能赚到这些企业业绩增长的钱。2020 年政策会不会出现变化，我们不知道，但从 2019 年由于政策延后或者出台时间较晚对并网产生的影响来看，我们是可以吸取一些教训的。对于新能源车，我们可以看到，无论是国内的“双积分”政策，还是整个欧盟的碳排放标准，在 2020 年都已开始生效。同时我们还可以看到，在 2019 年年底，所有的传统汽车行业巨头都加大了对电动汽车的投资力度——以前传统车企很少投资新能源车——并加快了新能源车型的推出，尤其是大众等企业都不约而同地加速推出自己的新能源车，而大量新车型的推出也有助于需求的提升。从这个维度来看，我们觉得之前制约行业发展的几个因素可能在 2020 年都会发生一些变化。各个因素叠加起来看，我们可以确定或者说大概率能赚到新能源车行业业绩增长的钱。总之，对于我们而言，这是一次获胜概率比较大的投资。

此外，2020 年年初出现了疫情，这一意外状况导致欧盟加大了对于新能源投资的力度，尤其是对于新能源车的补贴力度。我国在三季度，尤其是 8—9 月，也提出了碳中和的目标。而后在美国总统大选中当选的拜登也以发展新能源为他执政的重要纲领。全球三大经济体不约而同地选择以新能源为发展战略，使下半年产生了一个让我们很惊异或者说超过我们预期的额外的收益。之所以能有这么大的收益，一方面可能是因为我们选择的方向和赛道是对的，另一方面则是因为一些超出我们预期的政策及国家的支持力度，这些可能更多地是时代创造的机会和价值。

姚振山：开始时对行业赛道做基础的判断，可以知道这是不是比较好的赛道，但什么时间点开始买、买多少，可能还需要后续持续跟踪行业政策，包括数据各个方面的变化。

赵　诣：对，2020 年全年的草根研究和数据，其实都在验证 2019 年的一些判断。需求确实起来了，尤其是到了下半年，新能源车的性价比相对燃油车逐步提升，对于消费的刺激是很明显的。

姚振山：2020 年，你对这几只重仓股或者说整个持仓方面做过一些调整吗？

赵　诣：其实也做过一些调整，一方面是针对一些个股做出止盈的调整。有的个股我买的时候是希望能赚取稳定的业绩收益，但是因为一些主题原因出现了超涨的情况，或者估值达到一个我看不懂的水平之后，可能需要非常长的时间才能消耗掉它，所以我选择止盈。另一方面是对一些公司做了止损处理，也就是调仓。这类股票虽然可能有盈利，但是只是因为之前买的价格低。可能是公司治理结构的原因，或者是公司行业地位的原因，使得它们不再符合我当时买入的标准，因此我做过一些动态的调整，但是大的或者核心的仓位都没有出现特别大的变化。

姚振山：我看你的投资组合，十大重仓股中制造类的股票比较多，是不是跟你早期做机械和军工研究员的经历有关系？未来你是不是还会坚持这个投资方向？毕竟你现在管理的资金规模大了很多。

赵　诣：其实我本科和硕士阶段学习的都是机械自动化，毕业之后我进入了申万研究所，再之后进入了农银汇理，接触的都是偏制造类的行业，整体而言，这是我比较熟悉的行业。其实刚开始做投资的时候，我也做过一些其他的尝试。最开始的时候，白酒、地产、金融，我都买过，也做过轮动和仓位选择，但事与愿违，做这些操作没有办法让我获得超越市场对行业的认知，即使能获取收益也是不可持续的。从 2018 年下半年开始，我回到自己熟悉的领域里耕耘并慢慢地进行拓展，到 2019 年年初，我已经基本上将持仓换成了我自己能够理解的公司。从 2019 年开始，我的换手率开始持续下滑。以前对于中国制造业，可能大家会本能地觉得它是比较低端的，但是疫情之后，大家，尤其是很多一级、二级市场的朋友，对于中国制造业的认知已经发生了比较大的变化。大家已经认识到中国制造业不只是能做低端的产品，很多高端的产品我们其实也能做。我们的供应链的完整度和响应速度从全球范围来看都是非常稀缺的，甚至可以说是独一无二的。这些具有核心竞争力的中国制造业企业有着非常多的投资机会。制造业是我们国家的立国之本，我国未来发展的大方向也会在这方面。同时，随着投资规模的扩大，我自己的能力圈也需要扩大，我也会去平衡自己的组合，所以我希望能在未来的一段时间内把自己的能力圈拓展到一些偏成长的方向上，主要就是大消费、大制造两个大赛道上，消费、医药、科技及新能源等领域。当然，这是一个循序渐进的过程。

姚振山：我还注意到，你原来做过小盘股，但现在看你的十大重仓股，宁德时代、隆基股份等都是各个领域里的龙头公司，都是大公司。我很好奇，从小盘股到龙头股、大盘股的过程当中，是什么样的经历或者说你受到了什么刺激，才让你的投资方法和理念转变了过来？

赵　诣：其实我一开始是在申万研究所看了半年的中小盘，我内心希望挖掘一些不起眼的、规模很小的公司，尤其是正处于从 0 到 1 的过程中的公司，希望看到它们完成从 1 到 10 甚至从 1 到 N 的转变，变成很大的公司，我最初就买过几家类似于处在从 0 到 1 的过程中的公司的股票。在从 0 到 1 的发展的过程中，你会发现这家公司的很多问题，比如它的产品可能很好，但是客户有自己的偏好，所以不会使用它的产品；或者它的产品没有到足够好的程度，所以在评估性价比的过程当中，不足以让客户更换自己以前的选择。由于客户有以前的供应链体系、以前的生态圈，而在从 0 到 1 的过程当中，必然会打破以前的利益格局，所以以前的受益者必然会阻挠。因此，从 0 到 1 的过程并不会如想象中那么一帆风顺，受到的阻碍会有很多。在我的持仓里，有一家公司，可能现在已经顺利走完了从 0 到 1 的过程，也许现在已经在走从 1 到 10 的过程了，但是回溯那个过程，会发现它也经历了很多的波折。可能在我的投资经历当中，有几个失败的案例，让我觉得投资时需要综合考虑的因素有很多。比如有一个公司的产品其实是比较偏美国化的，也就是说，它的技术非常先进，而中国的相关行业比较落后，跟不上它的技术，所以它想把美国的技术以及整个体系和框架引进到国内来。但是，以前的传统体系有自己固有的格局，不是轻易能够改变的。此外，领导的更替也会对产品的研发带来重大影响。这个产品项目一开始是被批准通过了，但是当这家公司进入产品交付的周期时，新领导把之前所有的想法全部推倒，最终导致产品的退出。其实到现在三年过去了，它的想法还是没有实现。从这个角度来说，从 0 到 1 的过程其实是比较困难的。

陪伴优秀企业成长

姚振山：你刚才提到的这个经验，对于很多普通投资者来说比较重要，从 0 到 1 的过程是带有“赌”的风险的，对于你这种管别人的钱的人来说，将客户置于一个相对有风险的位置是不太合适的，所以你就转到了去找龙头的道路上。你也提到了一个概念，即要去陪伴优秀的企业成长，但是怎么定义优秀企业呢？有标准吗？

赵　诣：其实，优秀的标准会随着整个投资的经历而改变，尤其是遇到越来越多的失败案例之后，它的定义可能也会逐步地细化。一开始我可能关注的是利润表，看业绩的增速。到后来，我会关注这个公司的竞争力，包括它在行业内的地位。但到了 2020

年，我可能更多地会关注它的治理结构，同时包括它的客户，因为我希望找到的是更容易获得成功的因素。尤其是现在管理的资金规模大了，我做买的动作的时候，需要考虑未来很长一段时间，因为重仓买入也就意味着要丧失掉短期的流动性，也就是不准备卖出了。这样的话，一家公司的治理结构就至关重要。如果这家公司的管理层是有梦想、有愿景的，愿意为公司未来的长期发展而努力，愿意跟股东分享利益，那么这家公司可能更容易获得成功。毕竟最后对企业的投资里，人是最核心的，也是最关键的一个因素。我们可以看到现在二级市场很多优秀的管理人，管理的资金规模越来越大，其实他们也都做好了丧失短期流动性的准备，所以在整体的投资上，包括思考的维度也会越来越偏向一级市场。因为一旦投资一级市场，就没有办法做到随时卖出，所以我们在一开始做买入的动作的时候，需要考虑的就是这个公司未来能成为一个多大的公司，因此，人可能就是一个关键因素。另外，在客户结构方面，可能优秀的客户会选择优秀的供应商。其实如果一个企业的客户群是特别好的、特别优质的，甚至是全球顶尖的，客户愿意为公司的产品买单，这是最能反映对公司的认可度的，从这个维度来说，我们对这种企业更放心。由于我并非业内人士，与行业里的人相比，在认知上的差距就非常大了，但也没关系，客户其实已经帮我们给这个企业做了背书。

姚振山：你调研一家企业时，是会用直觉判断这家企业值不值得你继续多看它两眼或者多去几趟，还是会从财务指标或者用赛道综合来看？

赵　诣：其实我可能会把两个维度结合起来看。选择行业时，我会关注几个指标，比如这个行业的空间是不是足够大，这个行业的竞争格局是不是已经开始比较稳定了。拿光伏来说，很多年以前就有光伏行业了，最初做光伏行业的企业家曾经也坐上过中国首富的位置，但是经过几轮洗牌，现在光伏行业的龙头已经发生了变化。竞争格局决定着企业能从所在行业中分走多少，如果竞争格局稳定，公司未来的确定性就相对更高。

另外，我还希望这个行业的赛道足够长，是长坡而不是陡坡。陡坡意味着只有很短的时间，公司的生命周期非常短，投资的周期相对而言也比较短暂，短暂的生命周期意味着买完之后随时要想着卖。对于整个投资过程来讲，就是要选市场里好的公司，这是第二个维度。而选择好公司，首先，需要知道它是不是行业龙头。对龙头的定义可能每个人都不一样，以我个人的观点来讲，一方面，这个企业的市场份额在整个行业里应该是比较大的，可能不一定是第一，但是至少不能排到第四、第五的位置；另一方面，我希望这个企业要能引领行业的技术进步，比如特斯拉就在一步一步引领其所在行业的技术进步，所以对我而言它就是新能源车这个行业的龙头企业。其次，要知道它是不是有“护城河”，也就是这个公司是不是很容易被后来者弯道超车——投资不怕短期亏损，最怕永久损失。在你买它的时候，它可能是龙头，但过了两年发现它的龙头地位消失了，这种公司就是没有比较深的“护城河”，是很容易被人超越的。再次，我对于公司的治理结构也非常重视。企业的规模大了之后，就丧失了流动性，如果这是家会损害股东利益的机构或者企业的话，我可能不知道投进去的钱最后会成为什么，也不知道最后能得到什么，心里会很没有底。最后，我能容忍这个企业在行业景气度比较差的时候没有利润。因为即使是像茅台这样的优秀企业，在某些时间周期里，利润也可能会出现下滑，这其实是行业周期性的问题。但是行业景气、供不应求的时候，还是出不了利润，就意味着这个公司只能作为主题炒作，我赚的只能是风口的钱，并不是公司成长的钱。

综上，一个是行业，一个是公司，我们可以从这两个维度入手进行选择。

姚振山：所谓好的公司，你是以经验做判断，还是根据指标体系做判断，或者说要参加几次股东大会，跟董事长见几面，跟董秘聊聊天，看一年两年的公告和财务报表？你是怎么判断出来这家公司的治理结构很好的？

赵　诣：其实有的时候会非常直观。有的公司成立之后，特别专注于业务，比如有一个公司虽然并没有进入我持仓股的前十名，但是我特别喜欢它——这个老板只专注自己这一块，把这一块做好。其实作为投资人，我们希望我们自己能在某一个领域做得特别好，因为只有这样才能有超额收益。外边的机会特别多，很容易就会受到诱惑，所以能够专注于自己的业务其实是很不容易的。这个老板能做到很精细，加上他的客户又很好，这在我看来可能是他放弃了外边的很多美好的东西，而专注于做自己这一块的业务的收获。如果买他的公司的股票，我可能会觉得很踏实、很放心，因为他就是以踏实做实业的心态做事的。2014—2015 年的牛市中有很多机会，一些公司做了很多投资，但有的投资可能因为只是一个题材，或者单纯是为了炒高股价，又或者别的原因，最终导致股价下跌，投资受损。在此过程当中，有一些公司还是坚持自己的初心，哪怕股价只有之前的零头，老板也没有想着做其他的事情，比如做一些更符合市场题材的事情，还是专注于自己做的东西，慢慢地他这一块开始有突破了，可能就会取得很好的收益，甚至股价也会创新高。这是很简单的例子，可能从老板的闲谈当中，就可以知道他是不是专注，可以知道他是不是对这个行业或者对自己从事的行业很有想法，而这是一件很重要的事情。

能力圈投资

姚振山：对于很多中小投资者来说，行业好不好可以看行业资料，空间大不大也可以通过第三方来印证，但对于公司内部的管理问题和公司治理的问题，中小投资者要借助什么才能够看到呢？

赵 诣：其实我之前一直讲的就是能力圈的问题。第一，很多普通投资者自己所从事的行业就是自己的能力圈，他对这一行业的理解可能比我们更清楚。从这个角度讲，我觉得每个投资人就是自己所从事的行业里边的一个专家，或者说这个行业实际上就是他自己的能力圈。从这个维度来看，你在你自己所从事的行业里，对这个行业里的好的公司的认知，或者哪些公司是很有发展潜力的，你的认知水平甚至可能超越我们这些普通的基金经理，你在你的能力圈里投资，其实就是一种非常好的投资方式。第二，你身边的朋友可能是另外一个行业的人，他可能也是他所从事的行业的一个专家，那么那个行业就是他的能力圈。从这个角度讲，我觉得在你的能力圈或者你朋友的能力圈内投资，会是比较好或者相对容易的投资方式。第三，对普通投资者而言，我们其实更希望大家能够把专业的事情交给专业的人来做。我以前和很多年长一点儿的前辈聊的时候，发现他们能把每个公司的名字、代码都记住，但随着上市公司的数量越来越多，现在已有4000多家公司，要都记住是不可能的。再有，以前是盈利的、成熟的公司才能上市，但现在有些并没有盈利，甚至可能没有收入的公司也上市了，怎么对这些公司进行定价，就成为我们投资人要面对的越来越大的挑战。怎么对各种类型的公司进行准确的定价，普通投资者仅靠自己的经历和研究的结论来看的话，可能有很多条件是不具备的，是判断不准的。所以，让专业的人做专业的事情，可能比自己做效果更好。

2021年可以关注哪些行业

姚振山：让专业的人做专业的事情，这点我是同意的。我有一次在北大汇丰商学院做讲座，有学生问我，为什么很多中小投资者在股市上赚不到钱？为什么很多机构能把钱赚走？我举了些例子：你会跟林丹在一个球场上打球吗？会跟泰森在一个拳击场上打比赛吗？肯定不会，人家是专业选手，你是业余选手。所以你要想赢，要么自己变成专业选手，要么干脆把事情交给

专业选手去做。你刚才讲的我非常认同，你谈的是你对于投资方法、投资理念的理解，也是一个总结，但还有很多投资者会问具体的问题。2020 年，你做得非常成功，但是 2021 年是一个新的年度，你的行业配置中具体有哪几个行业，有没有新的行业，比如你现在的十大重仓股会调仓吗？调的话，会把谁选出去或者把谁调进来？

赵　诣：我自己的三个产品各自有各自的特色，有行业基金也有全市场基金，行业基金由于有契约限制，投资的方向可能只能在所限制的行业里，而从全市场基金方面看，我希望寻找有增量的方向。增量其实来自两个方面，第一个方面可能是技术进步所带来的，比如新能源车，还有我觉得空间会更大一些的 5G 应用。第二个方面，因为现在国家倡导“以内循环为主，以外循环为辅”，从内循环的角度看，我们可能有很多要补短板的地方，而这些补短板的地方也将是我们有新的增量的地方。像国产替代等角度，包括航空发动机、半导体等，实际上都是一些重要的投资方向。另外，随着我们整体收入的增加，也随着老龄化进程的加快，消费、医疗服务等就是我们需要去关注和重点去投资的。同时，我们可以看到，随着“90 后”甚至“00 后”开始步入社会，他们的消费习惯和生活习惯其实已经与我们大不一样了，像港股上的泡泡玛特等，“90 后”“00 后”“10 后”就喜欢玩这些东西，而我们以前是吃干脆面收集《水浒传》的卡片，他们的习惯可能也是消费行业的一些投资机会。

姚振山：从结构上来讲，看新鲜东西有些时候可能会获得比较

大的超额收益。有网友说了，基金经理说了大消费、大科技和医药，这也太广了，能不能具体一点？

赵　诣：从整体的结构来看，我之前讲到，全球三大经济体都在投新能源，但新能源去年又涨了这么多，今年该怎么办？这也是大家很关心的问题。从我的角度来说，我自己对于这个赛道的观点其实没有任何变化，我非常看好它的长期发展。以新能源车为例，2019 年新能源车在全球的渗透率大概是 3%，2020 年因为疫情可能会有一些突破，但是整体幅度仍然比较小，大概在 4% 左右。其实很多国家，包括我国都定了一个目标，即要让新能源车的渗透率在 2025 年时达到 20%～25% 的水平。2020 年还发生了一件事情，即德国的新能源车渗透率在 11 月份提升到了 20%，这意味着这个行业过了临界点之后，渗透率会快速提升。因此，在全球范围内，渗透率很有可能在 2025 年提升到 20% 乃至 25% 的水平，这是近 5 倍的提升空间。从真正的消费群体的角度来看，这个速度可能还会远远快于我们的预期。因此，新能源车是前景非常好的、时间维度非常长的赛道。提到消费，我自己也非常关注服务业，尤其是医疗服务类的很多公司。医疗、体检这些行业可能会是在我们的日常生活中影响越来越大、越来越受重视的行业，这里面的机会也会越来越多。

姚振山：在医疗服务行业里面，像你说的，它的竞争格局相对已经稳定了，而且市场空间又足够大，所以这个行业容易出现大公司。

赵　诣：对，由于规模大幅增长，我们现在需要的不仅仅是这个公司从小型公司成长为中型公司，还希望小型公司或者是中型公司成长为大型公司甚至超大型公司。对于我们而言，一个成长着的或者持有的周期可以拉得很长的公司，我们可以不计较短期的业绩增长，而是更看重这个公司能够成为什么样的公司。

姚振山：2020 年你的收益率比较高，你在另外一个场合接受采访的时候也提到了 2021 年要降低收益预期。说实在的，我不这么想，按照你选择优秀公司并伴随其成长的逻辑，肯定每年都会做大量的功课，以便选出在来年甚至未来三五年有一个成长周期的公司。你的想法是年初买了之后，最好三五年不用考虑去卖，既然都买了这么好的公司，收益率会低吗？你自己没有信心吗？

赵　诣：你问的这个问题很好。买茅台的所有人都不会否认它是优秀的公司，但是中间某些年份茅台其实也是跑输大盘的。优秀的公司不一定每年都会跑赢大盘。举一个简单的或者比较形象一点的例子：我们去一个地方会用导航，会选择距离最短的路线，但是即使我们沿着这个最短路线开，也不能保证这条路线在每一个时间段都比另外一条我们没有选的路线更通畅、用时更短，股票也是一样的。虽然我会持股三年或五年，我能看到起点和终点是什么模样，但是我不能保证这条路上每个阶段都比别的股票涨得多。经历了比较大的涨幅之后，它就需要业绩的快速成长，或者需要通过其他方式消化掉这些涨幅，因为过高的增长透支掉了预期和未来的一些成长空间，而到底是用什么样的方式消化掉，我们并不能确定。从长期维度来看，起点、终点是相对更明确、更容易判断和跟踪的一个东西，至于中间的路怎么走，下一个路口是红灯还是绿灯，其实都是很难判断和预测的。

姚振山：所以要拉长周期，享受复利带来的比较好的投资回报。如果有人问你未来三个月或者半年的市场走势，你是不是不愿意搭理他？

赵　诣：这个倒不会。以前我也想过预测市场短期会怎么样，哪个行业可能会是风口，哪个行业可能会涨得更多，但最后发现可能这不在我的能力圈范围内。因为有的人天生交易能力就很强，他对于市场未来的感觉和方向很敏锐。“条条道路通罗马”，这也是一种很好的赚钱方式，但我可能是另外一种。这不代表哪种方式更高明，或者哪种更优秀、更值得推崇，只是每个人都有自己的能力范围，每个人都有更适合自己的投资方法和理念。不同行业、不同投资方法的人通过交流也会获得一些思考和灵感碰撞，这其实对于大家都是很有帮助的。

姚振山：这两天大家问得比较多的就是最近市场波动比较大的板块，比如军工、光伏、新能源汽车，你说过在2021年，这些板块依然是你比较看好的赛道。从你的重仓股角度来讲，你会有大的调整吗？或者说是不是在这个赛道上又发现了新能源车板块或者光伏板块中新的投资机会？

赵　诣：整体不会去做特别大的调整。随着基金规模的扩大，我需要去找一些赛道宽度没有那么宽但是预期没有透支的公司，但对这些公司配置的仓位不会特别重。随着新上市的公司越来越多，一些优秀的公司是值得我们去关注的。

有些企业可能跌下来了，我们需要找到那些跌下来，但能够靠业绩的持续增长消化掉相对高的估值的企业。有的公司虽然在风口上，但是业绩没有持续增长，可能并不能成为一个大的公司，这些公司是我们需要去回避的。所以我们需要在宽幅震荡的过程当中，选择一些更优质的，能够通过持续的增长、成长消耗掉估值的公司，我觉得这是今年较难做到的，或者说需要我们花更多的时间去做的事情。

姚振山：你刚才也提了，你可能会随着你的基金规模的扩大而去扩大你的能力圈和朋友圈的范围。你有没有考虑过到有色金属、大宗商品，包括新型消费这些领域去增加一些持仓呢？

赵　诣：我一直秉承这样一种理念：能力圈扩展的速度取决于我自己对这个行业的理解程度。如果不能理解的话，可能我的拓展速度就会慢一些；能够理解或者是我之前曾投资过的方向，无论是商业模式还是企业的经营情况都比较类似，这无外乎就是行业的拓展，这种情况下可能拓展速度会相对快一些。所以说一切取决于我对行业的理解程度或者对公司的把握程度。至于能不能扩展，或者扩展速度有多快，这需要进一步探讨或者跟踪。当然，基于对投资者利益的保护，我们也希望能够尽可能地以更快的速度学习、掌握更多的领域。

姚振山：下面我们讨论一下一些细分领域的机会。比如新能源车产业链上有几个环节：原料环节，以钴、锂为代表；材料环

节，以正极、负极、电解液、隔膜、铜箔为主；电池环节，有磷酸铁锂电池和三元锂电池；电池生产设备环节，有切片、卷绕、涂布等工艺环节；电池测试环节，包括 PACK 线；还有整车环节等。你觉得在 2021 年或者 2022 年，应该选择哪个环节为投资方向？

赵　诣：我觉得行业中游的电池环节和材料环节比较好。

姚振山：军工有上游材料、中游零部件、下游主机厂这三个环节，你觉得 2021 年哪个更好？

赵　诣：上游材料。

姚振山：在消费领域，你更看好消费服务，还是白酒、食品、调味品这几个消费品领域？

赵　诣：消费服务。

姚振山：我们大概可以把医药和医疗健康这个领域分成三个不同的子行业，一个是医药，一个是医疗器械，一个是医疗服务，你更看好谁？

赵　诣：医疗服务。药不是我擅长的，我很少去买做药的公司，因为这不在我的能力圈范围内。现在医疗服务的股票可能涨得比较多，但有的可能估值还不高，所以我们也需要对它们进行区分。为什么我觉得医疗服务更好呢？因为它的商业模式和我之前所投的行业有比较大的不同。比如医疗服务行业有很多服务的付费方式是非常好的，是先付钱后提供服务的，所以它的现金流会非常好，不像我以前投的一些科技和制造类的公司，它们的现金流其实有非常大的错位。对于这种医疗服务类企业，我可能需要的是它的平稳，这样整个组合的均衡性就会体现出来。如果把我的组合想象成一个成长型的公司，会发现它需要一块现金流业务来支撑一块需要投入的业务，如果我所有投的公司都需要不停地投钱，需要投固定资产，那么就一定要从市场募钱，不然没法支撑组合的现金流。所以，从整体而言，一方面要从商业模式上考虑，另一方面要从自己的组合的维度上来考虑，医疗服务可以对我的投资组合起到很好的补充作用。

不管牛熊更迭，都可以做定投

姚振山：我看了一下，你有可能是农银汇理基金公司中换手率最低的基金经理之一，我很好奇，你的这种定力是源于你的性格，还是你后天经过了很长时间的磨炼才培养起来的？

赵　诣：我觉得可能更多的是后天的磨炼。因为有过一些失败的经历，所以我学会了克制，或者说学会了暗示自己不要冲动，不要去做一些事情。其实，我一开始管钱的时候，为了短期的一些收益，做过很多轮动，包括去追热点、做主题，直到后来才发现，没有超越市场的认知能力，就不可能持续地在这些地方赚到稳定的收益。最后我明白过来，从长远来看，我的积累可能反而是一些负面收益，我并没有如愿获得自己想象当中的那种超额收益。所以我就要求自己从一开始就先逐步做减法，做减法的过程就是从自己熟悉的行业开始，然后再做加法，一步一步地去拓展，并找到自己习惯的一些模式。对基金经理而言，说容易也容易，说难也难，因为你每天会接触到比常人更多的信息，这意味着你要在每天的信息当中选择一些真正有用的信息，其实信息越多对于自己投资的干扰反而越大。所以如何在海量信息里边筛选到真正对你有价值的信息，真正去掉虽然短期能够获得一些收益，但是从长期来看可能对你的操作习惯乃至整个思考方式都有影响的一些东西，才是真正重要的。我希望做长期来看是正确的事情，包括即使短期可能会表现不好，但是从长期来看是在为持有人创造稳定的收益的事情。这可能是我们最重要的一个目标。

姚振山：这段时间大盘涨得厉害，现在是不是买基金的合适的时间点？

赵　诣：我们公司其实比较倡导长期的投资和定投的方式。为什么这么讲？有很多同行做过比较类似的一些统计：基金从头到尾涨了很多，从 1 元涨到 3 元乃至 5 元，但是里边真正实现这样的收益率的投资人其实非常少，甚至可能不到 1%，这意味着更多的投资人在不停地申购和赎回。从整体来看，基民通过定投的方式投资基金可能会损失掉一部分收益，但是通过这种方式其实是在做一个平稳的、更长期的理财。我们希望大家是以一个长期的、定投的方式来进行理财的，因为我们投资的时候，买基金的时候，这一笔投下去后，并不知道基金市场是不是会失控，而定投相对而言就是在帮我们做一个平衡。

姚振山：你觉得定投的方式是在牛市的时候做好，还是不管牛熊更迭，都应该用定投的方式？有理财需求的普通投资者，可能对于安全性的要求比较高，至于收益率，可能超过银行存款利率或者贷款的利率就可以了。那么，对他们来说，定投是合适的投资方式吗？

赵　诣：我觉得做长期定投，目的其实就是偏向理财的。我们做一个统计就会发现，管钱三年以上的基金经理，做得特别优秀的，年复合率可能可以做到 30% 以上，而一般的或者中等水平的经理，大概也能做到 10%～15%。也就是说，无论什么时间接手，即使接手的位置比较高，以致复合收益率可能会比较低，但是基金经理们基本上都能做到 10%～15% 的水平。从理财产品来看，这是非常高的收益率。所以以长期定投的方式投资基金，大概率是能够让你享受到超越理财产品的收益率的。

主持人手记

伴随优秀公司成长，这是赵诣在投资方面的核心观点。而对“何谓优秀”，见仁见智，他看重的核心是“管理层要有梦想，有愿景”。这让我想起我曾经问过一位从硅谷回来的风险投资家的一个问题：硅谷的创业者和其他创业者不一样的地方在哪里？她回答说，硅谷的创业者大多有一个梦想：改变世界。也许这也是“优秀公司”的定义，管理者的梦想是改变世界，而创造出来的产品的确也在改变世界。只有这样，我们才能买到真正优秀的，空间巨大的，最终收益率高的公司的股票。

PART

2 全球经济复苏，看好低估值、顺周期和新能源

姚振山 vs 创金合信基金经理　李　游

李　游

创金合信基金经理

中南财经政法大学金融学硕士。曾在五矿期货有限公司研究部、华创证券有限责任公司研究所、第一创业证券股份有限公司资产管理部任研究员。2014 年 8 月加入创金合信基金管理有限公司，任研究部行业研究员，2016 年 11 月开始担任基金经理，现任创金合信资源主题、创金合信工业周期、创金合信新材料新能源和创金合信竞争优势混合基金的基金经理。目前管四只基金，总规模约为 60.25 亿元。

创金合信工业周期基金 A 类份额 2020 年的收益率为 132.16%，在同类（主动股票开放型）基金中排第三名。截至 2021 年 1 月 27 日，创金合信工业周期基金 A 成立以来总回报为 246.55%，年化回报为 58.35%，位列同类基金第三名，成立以来超越业绩基准 216.58%。创金合信工业周期基金 A 最近一年收益率为 180.29%，位列同类基金第一名；最近两年收益率为 306.37%，位列同类基金第二名。

坚持自上而下和自下而上相结合的投资方法，以配置周期成长股为主，既注重行业景气度，又重视公司的内生成长性，力争获取行业周期景气度往上和公司内生性成长相叠加的双重收益。

❖ *周期和成长其实是不矛盾的，所谓“周期成长股”就是周期性比较明显，但是从长期来看，能够凭借内生成长性穿越周期的股票，反映在资本市场上，就是业绩和股价波动上行。*

❖ *我们在选股的时候，还是要选择龙头公司。我们既要赚景气度往上的 β 钱，也要赚龙头公司的 α 钱，也就是要赚 $\alpha+\beta$ 的钱。*

❖ *在存量经济时代，蛋糕做不大了，或者蛋糕做大的速度变慢了，只能大鱼吃小鱼，最终使得龙头公司在规模、技术、资金等方面的优势越来越明显。*

❖ *周期行业择时比较重要，要自上而下择时，自下而上择股。*

❖ *外资本身更加重视长期逻辑，也更愿意配一些持续性、稳定性非常强的龙头公司，所以外资也改变了 A 股的生态。*

❖ *注册制出来以后，炒壳没有意义了，所以公募基金买龙头的收益率要比很多散户自己炒股高很多，我觉得这个趋势中短期内很难发生变化。*

❖ *估值很高的行业，如消费、医药等行业，估值涨得超过历史上限非常多了，它们不一定会大跌，但一定会以时间换空间，会面临长时间的休整。*

❖ *抱团只是一种结果，我们的出发点还是寻找好的赛道、好的公*

司，但最终找来找去找到的就是这些龙头公司。

新能源：以时间消化估值

姚振山：最近新能源产业链上的股票波动越来越剧烈，短期有了这么大的涨幅之后，我做了一下草根调研，发现市场上现在分歧很大，很多人觉得龙头企业都100多倍的市盈率了，太高了，你觉得呢？

李　游：现在新能源汽车产业链上最大的龙头公司的市盈率是90～100倍，一些有竞争力的公司的市盈率是50～60倍。我觉得从静态估值来看，确确实实是贵的，但是贵有贵的道理。我认为新能源汽车行业应该是A股市场上比较稀缺的空间大而且确定性很高的行业，之所以说它空间大，是因为新能源车本身是一个供给创造需求的行业。什么是供给创造需求？意思是新能源车的性价比越来越高了。特斯拉前年进口的时候，最低配要卖37万～38万元，但去年最低只卖25万元，今年会更便宜。其他国产新能源车的性价比也越来越高了，而且未来电池的成本还有30%～50%的下降空间，所以我觉得未来新能源车相对燃油车来说，性价比会越来越高。2020年下半年以来，市场上新能源汽车的销量的增长速度是在提高的。为什么它会加速？主要因为两点：第一，供给创造需求，新能源车的性价比越来越高；第二，欧洲从2020年下半年开始提高新能源车的补贴了。为什么它们会在疫情以后迅速提高补贴呢？我认为，疫情在客观上使得能源革命提前到来了。因为疫情或多或少都跟全球的环境污染有一定的关系，所以疫情发生以后，主要的经济体，包括中国、欧洲，可能还有美国，都会制订一些非常详细的碳减排计划。因此，我认为新能源车本身有很强的内生逻辑，也就是供给创造需求；而随着新能源车的性价比越来越高，也会有外生的推力，即全球在加大碳减排力度。这些新能源车产业链上的龙头公司，特别是电池、隔膜这两个环节的龙头公司，是我去年十大重仓股里面经常配的。我觉得这两个环节的龙头公司的竞争力是非常强的，它们在未来不是赚从 0 到 1 的钱，而是赚从 1 到 N 的钱，因为它们的市场占有率不仅现在非常高，而且未来还有进一步提高的空间。这个行业空间大、确定性高、龙头公司竞争力强，所以贵也是合理的，不排除未来还有更贵的可能。

姚振山：它的市场份额会越来越大，市场需求也会越来越大，所以即使静态地来看是贵的，但在业绩增速不断提高和市场份额不断扩大的情况下，可能又不是那么贵，是这个道理吗？

李　游：对。这个行业确定性非常高，2025 年全球大概会卖 1500 万辆新能源车，比去年翻 5 倍，电池大概就需要 1000GW。假设龙头公司占了 1/3 的份额，未来会有多少业绩是可以算出来的。因为确定性强，所以估值提升一定是提前的。做投资的话，如果知道未来这个事情确定性强，投资者就会有比较一致的预期。

姚振山：我想问一下，光伏和新能源车这两个行业是都选，还是重点选择新能源车这条线？

李　游：我觉得这两个行业都非常好，我都看好，尤其是光伏行业，不管是长期还是短期，我都非常看好它。光伏行业现在的龙头公司大概是 30 倍的市盈率，以前光伏估值不高，原因有三点，一是以前是将它们当作周期股来估值的，之所以按照周期股估值，是因为光伏以前是靠补贴政策维持的，而补贴政策本身又有大幅度的波动。以前的光伏产业集中在某几个国家，如果这几个国家中有一两个国家的政策出现很大的变动的话，行业的需求波动就非常大。2011 年、2012 年的波动就很大，因为德国的补贴政策出现了大的变化。2018 年的波动也很大，因为中国的补贴政策出现了很大的变化。现在，疫情客观上使得能源革命提前到来了。疫情期间整个产业链上各环节的价格都跌了很多，组件的价格跌得更多。而在疫情过后，全球政策环境将是十分宽松的，各国的利率都是往下走的。我们知道建电站的钱 60%～70% 来自银行贷款，银行利率如果往下走的话，实际上建电站的成本也是在下降的。所以疫情过后，特别是 2020 年下半年以来，中国的光伏产业基本上可以实现平价了。像四川、重庆等光照条件不太好的地方，也都基本上可以实现平价了。在海外也有很多国家和地区可以做到平价，平价以后行业的波动自然就小了，因为受补贴政策的影响明显减弱了。二是以前光伏行业的现金流不好，但平价以后新建电站的现金流自然就会变好。三是以前光伏的龙头公司容易被颠覆掉。在未来，技术还会有进步，但是技术进步对于现在的龙头公司的影响不会特别大。现在龙头公司的地位非常稳固，为什么？因为现在的龙头公司投入了大量的精力去研发未来各种可能的技术路线，它们投入的研发成本比二三线公司高很多，所以即便有技术进步，龙头公司的地位也是很稳固的。结合上面三点原因，我觉得光伏的估值不应该按照周期股估，而应该按照成长股估，给到40倍左右——以前按照周期股估只给20倍，现在估值是30倍出头，所以我觉得光伏行业还有空间，而且2021年下半年要进行估值切换，空间又将打开，所以短期光伏的空间相较于新能源车会更大一点，而中长期来说，光伏和新能源车我都很看好。

姚振山：相信大家现在都有了一个比较明确或明晰的认识。假如你认为最近新能源车锂电池板块股价波动比较大的话，可以看一下光伏的这些龙头公司，因为它们的估值相对比较低，买起来更踏实。这是给大家的一个比较明确的，在最近一段时间进行投资的建议。现在来看看你持仓的股票，我比较了一下2020年前三个季度你的十大重仓股的变化，发现在三季度，你的持仓中化工股的比重增加了一些，我是不是可以认为你在2021年更看好化工股的走势？

李　游：是的，2020年上半年之所以更多地配水泥、防水材料这种建材里面开工端使用的材料，主要是因为疫情稳定以后，中国经济是率先复苏的。中国采用了“逆周期”的政策，所谓“逆周期”就是用基建端托底经济。因此，基建端开工时所使用的材料，比如水泥、防水材料，是我去年上半年买得比较多的。但到了下半年，特别是三季度以后，我又增配了很多的化工股票。为什么增配化工股票呢？原因有两点：第一，从2020年三季度开始，主要应该看海外的经济复苏，虽然海外的疫情没有好转，相反可能还在恶化，但是因为海外对疫苗的研究确确实实取得了很大的进展，所以海外的经济前景其实比之前乐观了，这一点是比较肯定的；第二，我国的化工产品中，有很大的份额是出口的，比如MDI（二苯基甲烷二异氰酸酯）、钛白粉、玻纤，它们更加受益于海外的经济复苏。综合这两点原因，我今年重点看好化工这一块。

何谓“周期成长”

姚振山：关于你的投资风格，我有一个疑问，你的持仓里有很多化工类股票，很多人认为化工类是周期股，而刚才你也强调了，你的持仓里的锂电池产业链的股票和光伏的股票是按照成长股的估值在做，等于在你一个人的身上，既有周期股的投资逻辑，又有成长股的投资逻辑，这个平衡怎么做？

李　游：我的配置是以周期成长股为主，光伏以前就属于周期成长股，只是它的周期属性明显弱化了，变成成长股了。周期和成长其实是不矛盾的，所谓“周期成长股”就是周期性比较明显，但是从长期来看，能够凭借内生成长性穿越周期的股票，反映在资本市场上，就是业绩和股价波动上行，只是波动幅度比消费、医药要大一点。水泥、MDI 行业的龙头公司就是最典型的周期成长股，把它们的业绩、股价拉出来看就会发现是波动上行的，所以周期和成长不矛盾。光伏以前是随着补贴政策波动得比较厉害的，但是拉长来看，过去 10 年它还是在波动往上走的，还是一个周期成长股，只是往后看周期性在明显减弱，成长性在显著增强。

姚振山：哪些行业的公司，具备什么样的特点的公司会从周期类股票变成成长类股票呢？

李　游：周期股很难变成成长股，我们只能说它们的周期性在弱化，成长性在增强，但它们还是周期成长股，而不是从周期转化到成长去了。周期股里什么是好的赛道，在什么样的赛道可以选到周期成长股？其实选股的方法比较简单。大家都知道周期行业的产品是差不多的，如钢铁、水泥、机械、化工品，还有光伏，所以上市公司之间比拼的就是成本。举一个例子，我认为钢铁行业是比较差的赛道，为什么？因为钢铁行业的成本曲线比较平滑，龙头公司的铁矿石是进口的，小公司的也是，公司之间的成本拉不开差距，所以大公司吃不掉小公司，也抢不到小公司的份额，这是充分竞争的市场，市场非常分散，竞争格局也不好。水泥算是周期行业当中典型的周期成长行业，因为水泥是一个区域性竞争的短腿产品，龙头公司能够凭借成本优势不断地逆势扩张，抢占市场份额。龙头公司因为有资源，有水运优势，能耗比别人低，规模比别人大，能够把成本优势拉大，所以水泥是非常好的赛道。水流行业的成本曲线是比较陡的，既然成本曲线比较陡，那么处于成本曲线最下端的龙头公司就能够通过成本优势不断地扩张，不断抢占市场份额，从而取得周期成长。

姚振山：在2021年，哪些细分领域或者子行业具备这样的周期成长的特点？

李　游：今年我更看好顺周期的子行业，比如化工，建材里面我看好 to C 端的消费建材。2020 年受疫情影响，老百姓的装修计划推迟了，但从下半年开始，疫情明显好转以后，装修市场也慢慢起来了。最后，我还看好机械行业的一些经营机械自动化的公司，这些公司一部分受益于制造业复苏，一部分受益于制造业进口替代。

姚振山：我们投资者在选股票的时候，是不是还要有选龙头的这样一个最基本的意识？

李　游： 对。举一个最简单的例子，虽然整个化工行业今年的景气度持续上升，但是我们在选股的时候，还是要选择龙头公司。我们既要赚景气度往上的 β 钱，也要赚龙头公司的 α 钱，也就是要赚 α+β 的钱，特别是要赚 α 的钱。龙头公司的 α 要比很多二三线公司的强，因为在过去的两到三年中，龙头公司资本开支非常大，很多小公司、二三线公司的资本开支则非常小，而且这些龙头公司的历史利润率水平比较高，我们有理由相信它们的资本开支能够转化成可观的利润。所以，要买这些顺周期的行业的话，还是要买龙头公司。

姚振山：能不能再给大家普及一下，α 、β 这两个专业术语？

李　游： β 就是要赚经济景气度的钱，赚行业景气度的钱；α 就是公司的内生成长性，它来自公司的竞争力。

为龙头股估值

姚振山：你觉得现在我们整个市场的估值体系和估值理念，甚至我们的教科书上说的20倍市盈率的概念，会在2021年的中国股市中或者未来的中国股市中被颠覆吗？还是只是暂时的？

李　游：我觉得也不是暂时的，这是一种趋势，而且这种趋势比较难改变。学过金融的可能都知道经典的现金流折现模型，它的分子端是上市公司未来的现金流，分母端是折现率，等于无风险利率加上风险补偿。折现率越低，估值就越高。为什么过去两到三年以来，龙头公司的折现率是趋势性走低的？有两方面原因：一是中国经济增长放缓了，中国的经济在长周期里减速的时候，无风险利率是会往下走的，这个趋势很难改变；二是风险补偿，龙头公司的风险补偿是很低的，因为龙头公司，特别是消费、医药这些稳定增长的行业里的龙头公司，它们业绩增长的可预期性非常强，稳定性也很强。我们总说稳定性溢价，那稳定性溢价在哪里？其实就在于给的风险补偿很低，所以折现率是往下走的。中国经济增长放缓了，而存量经济时代龙头公司会更强一些，因为小公司失去了生存壮大的土壤：以前有劳动力红利，现在没有了，劳动力价格涨得非常快；以前不用付出环保成本，现在供给侧改革以后，环保要求是非常严的，环保成本也从无到有增大起来；以前不用交社保，现在所有公司都必须交社保……就这样，二三线公司、小公司逐渐失去了竞争力。在存量经济时代，蛋糕做不大了，或者蛋糕做大的速度变慢了，只能大鱼吃小鱼，最终使得龙头公司在规模、技术、资金等方面的优势越来越明显。强者恒强，龙头公司的现金流增长的稳定性会比过去还要强，所以风险补偿越来越低，龙头公司的估值也就越估越高。

姚振山：IBM 原来的董事长郭士纳写过一本自传，叫《谁说大象不能跳舞》，就是讲述公司龙头化的代表作。本来以为体型大了，增速会下降，后来发现龙头公司的增速并没有下降，估值反而很高，你觉得这会是未来 A 股非常明显的一个趋势吗？

李　游：估值肯定不能涨到天上去，但龙头公司维持较高的估值也是合理的。市场趋势发生了变化，经济结构趋势发生了变化，无风险利率的趋势也发生了变化，而这个趋势中短期内很难再发生改变，现在龙头公司估值确实很高，但要回到以前比较低的估值水平也比较难。

姚振山：一个行业里龙头公司的估值不能涨到天上去，但是小公司的估值会越来越低，因为它们的竞争力越来越不足，股价会出现长期阴跌走势。2020 年，特别是四季度涨的股票只有 800～1000 只，而跌的股票有 3000 多只，2021 年会不会出现这样一种情况，即一些股票涨到天上去，而大部分股票不断创新低，一些细分子行业失去竞争力变成常态？

李　游：我认为这些龙头公司即便估值很高了，也很难大幅下跌，因为它们的业绩增长持续性、稳定性非常强，可预期性非常强。以前很多科技股泡沫破灭以后，会以股价断崖式下跌的方式消化估值，但现在这些龙头不会了。过去两年是龙头公司的结构性大牛市，虽然它们很贵，但是它们在未来可以通过时间消化估值，而不会通过一种大幅度下跌的方式消化估值。大家之所以愿意持有龙头公司，是因为大家愿意等一等。

姚振山：很多时候，你的持仓其实变动不大，你说你是辩证地对待择股和择时的人，那么你在具体的交易策略上，或者执行层面上是怎么做的？

李　游：我是以配置周期成长股为主，投资方法就是自上而下和自下而上相结合。周期行业择时比较重要，要自上而下择时，自下而上择股，我过去一直是这种风格。现在来看，其实大的经济结构发生了变化，市场生态、投资方法也发生了变化，以前择时跟择股是并重的，现在可能择时的重要性在淡化、减弱。过去大家买周期股，无论买上游的强周期股，还是买中游的周期成长股，都是在博弈短期的 β。因为经济高速增长的时候，其实波动是很大的，高增长一定会有高波动，而高波动就会带来收益，但是有的时候判断不准的话，损失也会非常大，所以择时就非常重要。现在经济增长在减速，存量经济时代，经济波动本身就在收敛，加上供给侧改革，很多周期行业的波动相比以前要弱很多，在这个时候，买龙头公司更好。因为龙头公司的 α 非常强，能做到大鱼吃小鱼，而且 β 在相对稳定的时候，更有利于 α 的持续发挥；当 β 非常不稳定的时候，即便内生成长性强，β 向下的压力也远大于 α，那个时候就不得不选择卖出了。现在 β 减弱了，但是 α 在增强，所以龙头公司盈利的稳定性和持续性都在增强，择时也就显得不是那么重要了。

姚振山：你刚才讲的那些行业和公司，我们知道它们未来的增长、成长比较稳定，而且持续时间会很长，那么买它们就是买了三五年不用考虑卖出的公司，所以中小投资者是不是也应该往这个方向去努力？

李　游：是的。最近两到三年，特别是2019—2020年，我们发现公募基金的收益率要比中小投资者强非常多，因为这个市场的生态发生了变化，大家现在更愿意买蓝筹股和龙头公司。除了内生逻辑，也就是经济增长减速以外，还有外生的一些因素，如从2016年开始，很多外资进来了。外资本身更加重视长期逻辑，也更愿意配一些持续性、稳定性非常强的龙头公司，所以外资也改变了A股的生态。中国注册制出来以后，炒壳没有意义了，所以公募基金买龙头的收益率要比很多散户自己炒股高很多，我觉得这个趋势中短期内很难发生变化。存量经济时代从长周期来看仍然是一个结构性的变化，外资的力量也越来越强，这个趋势很难改变，散户应该去适应这个趋势。

2021年：无牛市，看细分

姚振山：你觉得2021年，股市的趋势会呈现一个什么特点？

李　游：我觉得不会有大的牛市，因为疫情以后，国内的流动性宽松了很多。从2020年下半年开始，随着疫情的好转，以及2021年经济的进一步复苏，流动性收紧的方向是比较确定的，而在流动性收紧的情况下，不会有大的牛市。我仍然认为2021年是一些结构性行情，我认为估值很高的行业，如消费、医药等行业，估值涨得超过历史上限非常多了，它们不一定会大跌，但一定会以时间换空间，会面临长时间的休整。我反而觉得那些估值相对合理的周期成长股在未来的半年或一年内估值超出历史上限的概率非常大。原因在于，这些周期成长股的成长性在增强，周期性在减弱，而市场上认识到这个逻辑变化的人不多。因为市场上的力量基本上都去研究成长股和消费股了，研究周期股的人没有那么多，所以大家对于周期股的投资理念、投资逻辑、投资方法的变化是有预期差的，而有预期差就有空间，随着更多的人认识到这一点，周期成长股的龙头还有进一步上升的空间。

姚振山：我问一个比较现实的问题，比如我现在满仓新能源锂电池、光伏、军工、半导体，是不是应该调一半仓位到 MDI、钛白粉、玻纤等这些你比较看好的既有周期又有成长性的股票行业里面来？

李　游：是的。我在 2021 年重点看好周期成长行业当中的顺周期这一块和新能源，我觉得光伏的估值是不高的，新能源车的估值虽然看似很贵，但贵有贵的道理，而且到 2021 年下半年估值切换的时候，空间又打开了。

姚振山：从行业的角度来看，2021 年是化工股的大年，还是新能源的大年，又或者是医药、半导体的大年？

李　游：化工行业我是非常看好的，不管是基于石油的价格还是基于需求的复苏，我觉得今年应该是整个化工行业景气度往上的一年，化工行业的这些龙头公司正好迎来了过去两到三年的资本开支集中释放的时间点。

姚振山：当新能源车、白酒这些股票出现大幅度调整的时候，半导体的走势却越来越强，那么半导体是不是你不关注的领域？

李　游：半导体有很多设备端，而设备端其实是我比较关注的。我觉得在新能源休整的时候，别的行业冲一冲，也是比较正常的。但如果看今年，我觉得新能源的机会要比半导体更大一些。新能源车，还有光伏和芯片，都是空间比较大的行业，我国每年进口芯片都需要花费几千亿美金，所以国产芯片的替代空间很大；新能源汽车现在在全球范围内的渗透率只有 3%，空间不必多说；光伏的空间也非常大，现在光伏发电距离整个市场份额的 10% 也还有一段距离。这几个行业空间都很大，但是要论确定性，芯片绝对比不上新能源。新能源除了它内生的供给创造需求、成本不断地在下滑以外，很重要的一点就是，各主要经济体都制订了非常详细的碳减排计划，2025 年、2030 年要做到哪种程度都有目标，非常确定；芯片只是空间大，短期的确定性是不如新能源的。

姚振山：有人总结了一句话，现在无论买光伏还是买新能源车产业链，都是既有业绩，又有估值，但是买半导体，只是有估值，业绩有没有不好说，可能波动会比较大，所以新能源的确定性要比半导体大。这就是市场上的观点。你刚才讲周期股的时候，重点拿水泥举了例子，去年水泥板块表现一般，业绩一般，你怎么看水泥板块今年的行情？

李　游：水泥板块的业绩比较稳定，不过增速放缓了。水泥行业应该是周期行业当中最好的赛道之一，原因主要有以下几点：水泥是短腿产品，东北的水泥运不到华南、华东，因为单价低、运费高，划不来。水泥是区域竞争性产品，区域性竞争没有那么激烈，而且区域性龙头公司比较好控制，如果两三个龙头公司占据了区域内大部分市场份额的话，它们对于价格的掌控是非常强的。水泥是供给侧改革做得最彻底的行业之一，因为水泥行业的产能是可以轻松地关停的，把它关停再重启，成本是不高的，而钢铁的高炉就做不到这样。所以从整体来看，水泥是很好的赛道之一。但是很好的赛道有没有反映到股价上，这是重点。2018 年供给侧改革以后，大家都害怕水泥的价格会跟钢铁一样下跌，但是钢铁跌了，水泥没有跌，反而还在涨，直到 2020 年一二季度水泥的价格还是超预期的，在过去的两到三年里，水泥股票都是涨得非常厉害的，现在来看预期已经反映得比较充分了。水泥行业是一个稳定性较好的行业，但是未来成长性不够——我倒也不是觉得它会跌，只是它再进一步上涨的空间很小。供给侧改革做得很彻底的话，其实产量增速就下降了，龙头公司产量的增长也会非常慢，所以它的成长性在减弱。好在外资比较喜欢水泥行业，而外资之所以喜欢，是因为龙头公司的业绩非常稳定，而且分红率很高。水泥行业未来的机会是估值修复，是不是有更多的人能认识到水泥行业的稳定性，估值是不是要往上走一走，还比较难判断，修复要一年还是三年五年，也不太好把握。

姚振山：所以从个人投资者的角度来说，水泥也是一个好赛道，但是在 2021 年投资水泥的话，可能收益率上不去。能不能说一

下有色金属板块的公司，有色金属应该是典型的周期股吧？

李　游：有色板块的股票不是周期成长股，而是强周期股。钢铁、煤炭、有色金属这些行业中具备成长性的公司是非常少的。有色金属公司普遍具备 β 属性，但是 α 属性是不够的。2021 年上半年在这些强周期行业当中，我相对更看好有色金属。有色金属和化工有一定类似性，它跟黑色金属不一样，钢铁、煤炭主要看国内定价就可以了，但有色金属的很多产品要根据全球的需求情况定价。不仅如此，有色金属的定价还要看全球的流动性，因为有色金属是以美元定价的，带有很强的金融属性。全球金融情况在 2021 年上半年还是比较友好的，虽然海外的经济复苏前景变得更乐观了，但是美联储只有在通胀率升到 2% 后，而且是比较长的时间内保持在 2% 以后，才可能会收紧流动性，所以未来 3～6 个月就是有色金属最好的时候——需求开始复苏了，但是流动性还没有收紧，商品属性和金融属性都会对有色金属的价格起到支撑作用。当然，这仍然是阶段性的 β 行情，不是 α 行情。

姚振山：所以可以调仓，但不能把基本的新能源、光伏这些仓位调掉。

李　游：对。

姚振山：3～6 个月之后要注意，要在合适的时间把光伏、新能源买回来，这是做差价。有两个关于龙头公司的问题是我比较关心的，第一是机构抱团问题，抱团对不对？第二是都去买龙头公司了，龙头公司是不是就会变得越来越贵？一旦发生系统性的股市风险，包括龙头本身发生风险，又该怎么办？

李　游：我们的机构并不是为了抱团而去抱团的，并不是说看到别人抱团后，我们觉得安全，所以也过去抱，不是这样的。抱团只是一种结果，我们的出发点还是寻找好的赛道、好的公司，但最终找来找去找到的就是这些龙头公司。龙头公司确确实实在存量经济时代会比很多二三线公司好很多，虽然估值确确实实是超出了历史上限很多，但是它们的风险更大吗？股票的价格向下的风险很大吗？也不大，只要用时间消耗估值，即使股价半年、一年不会变，但等到估值切换的时候，它们的估值自然就便宜了。

姚振山：小股票用空间消化估值，也就是下跌；大股票、龙头股票用时间消化估值，也就是横盘，这是市场的两个生态。还有一个问题，在新能源行业中，风电行业相比光伏是不是成本偏高？

李　游：我也看好风电，因为要碳减排，除了要发展光伏、新能源汽车以外，各种新能源也都要发展，包括风电、核电、生物质能，只是我认为光伏和新能源汽车的空间更大一点。我们投资的时候要做行业对比，就拿光伏和风电来说，我更看好光伏，因为风电未来的空间是不如光伏的。风电本身受自然条件约束比较厉害，而光伏在哪里都可以建，在重庆、四川也可以做到平价，不受自然条件约束，只是夜晚发不了电。但未来储能技术发展起来以后，也可以做到白天发电晚上用，所以未来光伏、储能和新能源汽车就是一个闭环。风电只是在“三北”地区以及海上等风速比较大的地方有较大的发展空间，而且在客观上还会影响自然环境——很多建了风力发电机的地方，植被被破坏得非常厉害——在这一点上风电对于环境的友好性不如光伏。还有一点非常关键，光伏是靠物理层面的能量转换效率来降低成本的，那么风电靠什么降成本呢？把风机做得越来越大，将成本摊下来？那是不可能的，越来越大也是有限度的，不能把风机做得非常大，否则汽车起重机就吊不动它了。靠机械层面的技术降成本的空间远不如靠物理能量转换效率来降成本的空间来得大。所以，即使风电还能降成本，大型化还会发展，从远景空间来看，肯定还是不如光伏的。

主持人手记

是买周期类股票，还是买成长类股票？这在10年以前，应该是两类不同的投资风格，并且分属两个不同阵营，而李游却把它们统一了起来。“周期成长股”投资，听起来似乎是悖论，但是仔细揣摩可以发现，周期弱化，变成成长，似乎是一些新兴行业必经的阶段。这类股票不单单是以前随着宏观经济周期波动的周期类股票，而是产业赛道确定，因为政策支持变化带来周期波动，又随着行业不断积累放大而形成的成长股。另外一类周期股变成成长股的路径，是产业高度整合后形成的市场集中度提升，进而带来定价权提升创造的持续增长。

选择“短期看是周期，长期看是成长”类的公司，这样的选股逻辑不说独树一帜，也算是风格突出，反映出投资的逻辑可以千变万化，却又殊途同归。同样立足基本面研究，却又可以总结出适合自己的逻辑与风格。同样是基于公司的研究，却又可以横向对比和纵向延伸，找到企业“从优秀到卓越”的规律。这也许就是股市的魅力，也是优秀基金经理的魅力。

PART

3 新能源赛道到底有多长

张　琳 vs 华夏基金投研部高级副总裁、基金经理　郑泽鸿

郑泽鸿

华夏基金投研部高级副总裁、基金经理

财政部财政科学研究所经济学硕士，有 8 年的证券从业经验和近 4 年的公募基金管理经验。2012 年 6 月加入华夏基金。2013 年任纺织服装和造纸轻工等偏消费行业的研究员。2014 年任电力设备、新能源行业研究员，覆盖电力设备、新能源、工控、机械等行业板块。2016 年担任新能源和环保组组长，带领团队负责节能环保和新能源两大行业的研究，具有丰富的一级市场及产业经验。2017 年 7 月起开始担任公募基金的基金经理。现任华夏基金投资研究部高级副总裁，以及华夏能源革新股票型证券投资基金的基金经理。

截至 2020 年年末，管理规模达到 103.7 亿元。

❖ 中国新能源车产业链的各个环节都很完善，很多细分行业的龙头公司都在中国，所以 A 股市场的新能源车板块会有非常多的机会。

❖ 波动也是投资的一部分，只有能够忍受波动，才能赚取长周期中更高的收益。

❖ 一个行业从无到有，渗透率快速提升的过程，会经历非线性的增长。

❖ 我们投资时看未来无非是看几点：长期的空间有多大，增速有多高，稳定性有多强。

❖ 在行业发生革命性变革的时候，用传统思路操作，从长期来看可能就是错的。

❖ 从全球各国的发展历史来看，在人均 GDP 从 1 万美元向 2 万美元迈进的过程当中，很多国家的资本市场都会表现出长期向好的态势，也就是长牛的过程。

❖ 站在资本市场长期向好的长周期来看，寻找那种长期空间大的、“护城河”足够深的、确定性足够高的资产就够了，这类资产可以实现长期估值的持续扩张。

❖ 在这个时代一定要理财，过去 20 年最好的投资标的是房地产，未来 20 年最好的投资标的很可能是权益市场。

❖ *买基金和投资一样，需要耐得住寂寞，守得住繁华。*

❖ *在你的能力圈范围内投资的胜率肯定是很高的，尤其是在你的能力圈范围内有很好的投资机会的时候，就没有必要做其他的尝试。*

为什么对新能源赛道情有独钟

张　琳：听说华夏能源革新主题基金是专门为你量身定制的，而且发行至今都是你一个人在独立管理，也是你目前管理的唯一一只基金，你是早早就看中了新能源这个赛道吗？

郑泽鸿：其实 2017 年的时候，我研究电力设备和新能源行业已经有比较长的时间了，当时我确实看到了整个能源领域有两个行业出现了比较大的变化，一个是新能源车，另一个是光伏。这两个行业在 2016 年、2017 年表现得很不错，在越来越快地进入到一个自发的快速增长阶段，远期空间非常大，所以我们选择在那个时间点去发行这样一只主要定位在新能源行业的基金产品。

张　琳：这个产品发行以来，主要的收益来自 2020 年，现在短期涨幅这么大，能不能看到阶段性的顶部？

郑泽鸿：虽然短期内涨幅很大，某些细分领域的估值也高于历史上绝大多数时间的估值，但是如果站在更长周期的视角上来看，我觉得空间还非常大。以新能源车这个板块来说，2020 年全球新能源车的渗透率是 4%～5%，但是我们可以看到，各个国家和地区对新能源车制订了很多长期规划。中国的规划是，到 2025 年新能源车的渗透率要达到 20%，甚至 25% 以上；在强劲的碳排放法规的约束下，欧洲新能源车的渗透率在 2020 年快速提高，进入非线性增长的状态；拜登上台后，美国也对新能源车采取了大力支持的政策。所以，从长期来看，这个行业的天花板还非常高。如果到 2025 年全球新能源车的渗透率能达到 20% 甚至 25%，从现在开始的未来 5 年，这个行业就有 5 倍以上的空间，如果看到 2030 年，空间就更大了。

我们可以预期，在 2035 年甚至更远一点的将来，新能源车将大范围替代燃油车。在这样一个电动化和智能化的产业革命性的替代过程当中，一定会涌现出非常多的投资机会，也一定会诞生非常多的大市值公司。我们可以拿智能手机的发展历程来类比，比如苹果能成为全球市值最大的公司，就得益于智能手机渗透率的快速提升，与此同时，整个产业链上也出现了非常多的大公司，包括我们国内的制造业的一些公司，还有很多芯片公司。

2020 年，特斯拉在全球的销量仅为 50 多万辆，但市值已经超越了老牌汽车巨头丰田，达到 8000 亿美元，马斯克也一举成为全球首富。汽车市场体量太大了，以后在汽车板块一定会诞生全球市值最大的公司。中国新能源车产业链的各个环节都很完善，很多细分行业的龙头公司都在中国，所以 A 股市场的新能源车板块会有非常多的机会。

短期来看确实涨幅比较大，静态估值比较贵，但是如果拉长周期看，或者多年后回头来看，就会发现现在的波动只是短期的小幅度波动，现在的位置是在非常底部的位置。

张　琳：但是很多人会担心这个板块的估值已经被透支得太多了。

郑泽鸿：从静态估值看确实比较贵，股价短期可能面临波动，但从长周期角度来看，我一点儿都不担心。波动也是投资的一部分，只有能够忍受波动，才能赚取长周期中更高的收益。

特斯拉是个很重要的例子。2020 年特斯拉市值超越丰田的时候，市场上有非常多的讨论，说特斯拉的盈利并没有那么高，销量才几十万辆，凭什么超越销量上千万辆的丰田？但现在再来看，特斯拉的市值已经相当于 3 个丰田了。

再比如国内电池龙头公司的市值前段时间刚刚超越中石油，当时也引来了非常多的讨论。有人觉得这家公司静态估值那么贵，不合理；有人觉得中石油作为传统能源巨头估值那么便宜，也不合理。其实这就是这个时代造就的一些现象，我们一定要站在时代的背景上去看，再过几年，这些电池龙头公司的市值是中石油的几倍也是完全有可能的。

中国资本市场在跟成熟的资本市场接轨，如果这个行业未来的天花板足够高、“护城河”足够深，可能就不再适用传统的估值方式，我们会转而看未来长期的空间，以及现金流的折现。尤其是在经济增速降低、无风险溢价率降低的时候折现回来，我们会发现它的估值还有非常大的空间。

张　琳：新能源赛道的周期到底有多长？

郑泽鸿：一个行业从无到有，渗透率快速提升的过程，会经历非线性的增长。虽然现在仅有 4%～5% 的渗透率，但一旦进入行业自发快速增长阶段，可能就是爆发式增长。增长可能源于产品创新、消费者追逐、政策刺激、性价比的提升等。2021 年到 2025 年，渗透率可能会达到 20%、25%，甚至更高水平；之后有可能快速到达 50%，甚至 75%、100%。

所以从现在 A 股市场的各个板块来看，我觉得新能源车的空间还是比较大的，因为它的业绩增速比较高，是非常好的赛道。一旦一个行业进入了快速增长的阶段，它就很难停下来。因为市场系统性的风险带来的回调性的机会，其实是非常好的上车机会。

华夏能源革新基金在长周期内的主要投资方向就是新能源行业。短周期来看的话，如果产能周期发生变化，我们会提前做择时或者择股的操作，但总的来说，我们会在这个行业不断挖掘长期的投资机会。

控制好回撤，忍受住波动

张　琳：新能源板块短期的波动的确是比较大的，很多人遇到回撤扛不住就会提前下车，回过神儿来后又会觉得后悔。作为基金经理，你遇到回撤的时候会是一种什么样的心态？你会做出什么样的选择？

郑泽鸿：其实对回撤的控制是投资界永恒的话题。从历史来看，新能源行业的波动是比较大的，因为叠加了几个周期：一是政策周期，过去几年如果遇上查骗补和补贴退坡，板块就会波动；二是产能周期，我认为新能源本质是周期成长行业，虽然很多细分板块的需求在不断地快速稳定增长，但是产能投放是非线性的，供需一旦不匹配，价格就会出现波动。

未来新能源行业波动会减小，原因在于：第一，随着市场驱动力的增强，板块政策周期减弱了，政策的影响会越来越小。第二，经历了几轮产能周期后，很多环节的细分龙头已经形成了，而且具备强大的竞争优势。它们会根据市场供需情况决定产能，产能周期的波动也会减小。

在这种情况下，面对市场因素导致的波动，比如纯粹因为市场风格变化，或者资金分流导致板块波动时，我不会做任何规避，不会做任何调仓行为。但如果是因为基本面有一个边际变化，我会做回撤上的控制。比如上游某些领域具备周期的一些性质，当周期价格到达顶峰的时候，可能就是我们兑现股票收益的时候。其实从投资的角度来讲，我们在买入相关上市公司的股票的时候，就会想到它的涨幅大概会达到什么程度，市值空间大概会达到什么程度，我们会提前做出判断。

张　琳：你能忍耐的最大回撤幅度是多少？

郑泽鸿：其实我们经历过很大的回撤，2018 年的回撤超过了 40%，2020 年也比较大，完全都是非市场因素造成的。因为疫情没有在投资框架里出现过，我们无法预判它会对国内乃至全球造成这么大的影响，以至于我们当时设定的短期投资思路都被打断了。最初我们预测国内新能源车的销量会很好，欧洲的销量也会很好，但是疫情暴发之后，国内的需求没有了，欧洲和美国也都停工了，短期的冲击对于板块的影响确实是我们没有预料到的。我相信从现在往后看，纯基本面的大幅度波动应该不会有了。

张　琳：就是因为没有预判，回撤太大，所以你们在 2020 年做过很多次的调仓吗？

郑泽鸿：2020 年年中波动太大了，在疫情最严重的时候，股价大幅度下跌的情况下，我们做出过一些非理性的行为，确实做了一些底部的止损。但是后来我们经过仔细分析，决定在疫情出现边际变化的时候，立马回归到行业基本面，最终在很底部的位置，又把相关的优质龙头都配置回来了。未来的换手率应该会小很多。

张　琳：为什么又都配置回来了？

郑泽鸿：2019 年三季度到四季度，我就把自己的大部分仓位都配置到了新能源车和光伏这两个领域。

从 2015 年开始，新能源行业的需求就开始往上走，2015 年到 2017 年是周期成长非常好的一个时期。因为国内的一些刺激因素，需求暴发了，但是很多环节的供给却没跟上，包括上游的锂矿和钴矿，中游的六氟磷酸锂等材料，它们的产能出不来，所以价格经历了一波暴涨。比如碳酸锂的价格从每吨 4 万多元涨到了 17 万多元，钴的价格也从每吨 20 多万元涨到了 70 多万元，这是投资上最好的一个阶段，叫作“量价齐升”，很多相关公司的业绩也都随之暴涨，投资收益非常丰厚。

2017 年年底到 2019 年年底，虽然需求在平稳增长，但是很多环节出现了周期性的供过于求，价格出现了大幅下跌，比如碳酸锂从每吨 17 万多元又跌回到了 4 万多元，这个过程从投资角度来说是“量增价减”，相关上市公司的业绩也都大幅降低了。中游很多环节，比如电池，还经历了剧烈竞争，电池行业的老三就是在 2017 年到 2019 年间破产的。

2019 年年底到现在，价格跌回来之后，很多边际产能在退出，但需求仍在持续增长，所以很多环节又跨过了一个供需平衡的拐点，进入到价格向上的阶段，中游环节的一些全球龙头也形成了，竞争在趋缓，这时整个行业的议价能力是比较强的。这在投资上是个非常好的时期，我们现在正在享受这个时期。

产业链的细分机会

张　琳：梳理产业链上的细分投资机会，哪些机会更确定，收益率更高？

郑泽鸿：其实在一个行业发生革命性的变化的过程当中，整个产业链，包括整车、配件、电池等，都有非常大的投资机会。

整车的想象空间非常大，因为海外和国内龙头对标的企业已经把天花板设置得很高了，特斯拉现在有 5 万亿～6 万亿人民币的市值，对应来看，国内这些造车新势力，包括传统车企，如果转型做得成功，能推出非常有吸引力的车型，价值重构空间同样也会非常大。

电池就更不用说了，电池是整个电动化过程当中最核心的一个零部件，它的价值量占比也是最大的，优秀的电池企业未来的市占率会非常高。国内的优秀电池龙头以后一定是全球的龙头，肯定可以在我们的框架里打败国际上的优秀同行，将市占率做到 50% 甚至更高。

其他零部件，比如热管理、内饰、底盘等，可以分开来看。如果是新能源车对哪一类的零部件有独特需要，它的市值空间可能就会高一些，比如热管理；但是如果新能源车需要该配件，传统车也需要，比如内饰环节，它的价值增量就没有那么大，因为新能源车是独有的增量赛道。

张　琳：现在是买向新能源转型的传统车企好，还是买市值已经比较高的新能源车企好？

郑泽鸿：这确实是非常好的问题，也是投资上需要思考的问题。汽车行业过去是一个非常稳定的行业，每年的变化非常小，大家都是以传统的工程师思维很慢地推新车型，但特斯拉进入这个行业之后，节奏就加快了，可以说在特斯拉的引领下，汽车的电动化和智能化对行业造成了革命性的影响。现在这两类车企——造车新势力和传统车企，所处的位置是不一样的：造车新势力的传统负担非常轻，它们的组织架构或者出发点完全可以适应新变化，并且可以做到以用户为中心。而传统车企是工程师思维，各个部门是分开和割裂的，并不习惯从用户使用角度思考，所以他们设计汽车的整体思路和新势力不一样，组织转型难度也不一样。我们看到现在能够做整体 OTA（空中下载技术）的车企只有特斯拉和中国的三家造车新势力，传统车企到现在还没有推出这个功能。

从投资者的角度看，造车新势力随着它们的新车型的推出，市占率的提升，长期来看有非常大的想象空间。传统车企，如果能转型，自己革自己的命，在电动化、智能化上布局，在整体组织架构、发展思路上调整的话，未来也是有一席之地的，市值也是有上升空间的。如果没做好，很可能再过 10 年、20 年就会像以前传统功能的手机一样，在这个市场上没有任何的份额了。

张　琳：有网友问，锂电池的龙头是不是可以长期持有？

郑泽鸿：在我看来，长期持有是最优的选择。我们投资时看未来无非是看几点：长期的空间有多大，增速有多高，稳定性有多强。在长期空间大、增速高、稳定性强的前提下，它的估值肯定就很高。我们可以举很多例子，比如在一个行业发生大的变革的情况下，像互联网行业，从 2000 年到现在，任何时间点买入腾讯的股票都是对的，如果能在最低点拿住，这些年一定能享受到非常大的涨幅，因为这是互联网和移动互联网整个行业的改变带来的红利。再比如从 2008 年到现在，消费电子的很多股票，包括苹果，收益率肯定是非常高的，任何时候卖出都是错的，任何时间点买入都是对的。在智能手机替代传统手机的过程中诞生了全球市值最大的公司，现在新能源汽车在电动化和智能化方面对传统汽车进行革新替代的过程当中，也有这样的机会。所以在任何时间点卖出都是错的，很可能卖掉之后，就再也上不了车了，它只会越来越贵，要么就只能在卖完之后以更高的价格再买回来。我身边还有很多这样的例子：有一个人在最底部买了特斯拉的股票，又在特斯拉涨到丰田市值的 2/3 的时候卖出了，虽然收益率已经很高了，但是后面更高的涨幅他却错过了。就是因为他还在以传统的思路看这个行业，觉得特斯拉的市值不能跟丰田比，但在行业发生革命性变革的时候，用传统思路操作，从长期来看可能就是错的。

张　琳：你刚才提到仓位配置时除了新能源车，还说到了光伏。相对于新能源车板块的相对高的估值和较大波动，现在进场的话是不是可以投光伏产业链？

郑泽鸿：我感觉新能源车和光伏的某些属性是类似的，它们的长期空间的天花板都非常高。比如说新能源车到 2025 年会有 4～5 倍的成长空间，光伏也一样。在各种发电方式中，目前光伏占比可能也就在 2.5% 左右，但现在各个国家都已经提出了碳峰值、碳减排，甚至碳中和计划，按照这些计划去实行的话，2025 年或者 2030 年，光伏行业发电占比一定会达到 15% 甚至更高水平，也就是说这个行业在未来 5～10 年，也会有 5～10 倍的增长空间。当然，从短期的爆发性来讲，新能源车是非线性的快速增长，比如欧洲新能源车的销量在 2020 年的增速就达到了 100% 以上，所以短期增长速度可能会比光伏更快。但是光伏的增速可能会比较稳定，估值也处在相对合理的水平，所以作为长期稳定的资产，同样也具备非常高的吸引力。在我看来，这两个资产对我的吸引力都非常大。

张　琳：光伏产业链上哪个环节的投资价值更高？

郑泽鸿：光伏行业也有很多环节。从2012年到现在，光伏行业最大的变化就是单晶替代多晶，在这个过程中出现了现在的行业龙头公司，它们已经拥有几千亿的市值。2020年多晶基本上已经退出市场了，单晶完成了对多晶的替代，这个行业渗透率继续提升的过程已经到了尽头，但是未来整个行业还会快速增长。胶膜、逆变器等行业也会有一个快速的增长。其实这些细分行业的龙头公司，都具有非常好的长周期的持有价值。如果要具体分析各个行业龙头公司目前的估值水平，可能胶膜龙头的估值会稍微高一点，它的竞争格局更好。单晶环节的龙头现在的估值水平，从横向来看也非常有吸引力。

2021年的市场变化

张　琳：面对2020年火爆的基金收益率，很多人都说2021年不会重演了，预期收益率要下调，你也下调了吗？

郑泽鸿：我个人相对来说比较乐观。中国资本市场已经进入长期向好的阶段，中国人均GDP在2017年达到1万美元，现在正在向2万美元迈进。从全球各国的发展历史来看，在人均GDP从1万美元向2万美元迈进的过程当中，很多国家的资本市场都会表现出长期向好的态势，也就是长牛的过程。

之所以会形成这种态势，主要有两个方面的原因。一方面，我们现在能切身感受到，居民财富在切实地往资本市场转移。20世纪90年代到2012年，甚至2015年，房子都还是居民最主要的投资标的，居民通过不断地买房子，确实实现了财富的大幅增长。但现在，中国进入到工业化的成熟期，房价在未来的空间已经不大了，最多维持跟通胀水平差不多的涨幅，这时候，资本市场或者权益市场，就会有相对比较大的吸引力。

另一方面，我们站在更长周期来看，这也是和国家的一些优秀制造业企业的发展相吻合的。从国际上来看，20世纪70～80年代，人均GDP达到1万～2万美元的是哪些国家？日本和德国。这两个国家的制造业企业在那时就进入到世界市场去分享全球红利。20世纪70年代，日本的电池制造业企业，包括索尼、松下等，抢占了全球市场大量份额；德国的汽车企业，包括大众、宝马等，把当时美国的汽车企业通用和福特打得落花流水。这个过程中，两个国家的股票都涨了很多。

中国现在的人均GDP也达到了一定水平，优秀制造业企业也走出来了，中国工程机械的龙头现在已经在抢占全球份额了。还有我们优秀的家电企业、新能源制造公司，它们都会去抢全球市场的大蛋糕。

2021年的收益率到底会怎样变化，站在这个时间点，谁都说不清楚，但是站在资本市场长期向好的长周期来看，寻找那种长期空间大的、“护城河”足够深的、确定性足够高的资产就够了，这类资产可以实现长期估值的持续扩张。不过这类资产很可能不会像过去那些年一样涨上去又跌下来，让你有捡便宜的机会了，中国市场正在跟国际成熟市场接轨，好的资产就是会越来越贵。

张　琳：有人说好资产贵的原因是机构抱团，而抱团迟早会瓦解，是这样吗？

郑泽鸿：其实大家提出这个问题的出发点还是传统思路。抱团并不是一个结果，大家都在找未来最好的资产，都是基于长期空间大、增速高、稳定性强的标准进行选择，自然而然就会不约而同地找到这些资产，比如白酒、新能源、军工。但是涨多了就一定会跌或者抱团一定会瓦解吗？也不见得。举个美股的例子，在过去 100 年中，4% 的公司贡献了指数 50% 的涨幅，纳斯达克将近 50% 的市值占比，基本上是由我们熟知的亚马逊、苹果、特斯拉、脸书等公司组成的，在这些公司成长的过程当中，大家是不是都去抱团了？是不是越抱越大？这其实就是我们这个时代的一些变化。以前市场是“割韭菜”的思路，长高了就割一割，很多游资喜欢在短期之内把股价拉得很高，然后在高位卖掉，于是股价就会应声而跌。现在是机构为主的市场，游资在短期内拉高的股票是不会有人接盘的，大家都会去拥抱好的资产，而这些好的资产并不会因为卖的人多而大跌，这两者在逻辑上没有因果关系。只有这个行业未来发生比较大的系统性变化，才有可能会导致股价大跌，这需要我们提前去做判断和预测。

给基民的建议

张　琳：郑泽鸿现在管理的基金规模已经扩大到 200 亿元了，有很多基民粉丝。你对大家有什么样的投资建议？

郑泽鸿：最近申购我的基金的散户比较多，所以我特别想借助这个平台给我的基民一些建议。首先，在这个时代一定要理财，过去 20 年最好的投资标的是房地产，未来 20 年最好的投资标的很可能是权益市场，也就是股票或者基金。过去如果不买房子，工资涨幅肯定赶不上房价的涨幅，现在如果不投资权益市场，工资涨幅还会跑输，所以一定要理财。

其次，怎样理财呢？我不太建议不具备专业知识的散户去炒股票，虽然我个人以为未来是一个长周期的牛市，但是股票市场一定会分化，而且分化会越来越大，越来越明显。为什么呢？一是注册制放开之后，会有大量公司上市进入资本市场，但这些公司也会是良莠不齐的，如果没有专业判断，就很可能买到一个差公司。二是过去那种指数全面上涨的时代已经一去不复返了，未来很可能指数不断地涨，很多个股却在下跌。最近也出现了这种情况，指数上涨，超过 3000 家公司却是跌的，这种情况以后可能会成为常态。三是优秀的龙头公司会不断带领指数上涨，但一些边缘公司的股价会不断下跌，甚至在未来有可能“仙股化”。所以炒股票一定要先提升自己的专业能力，如果不够专业的话，我建议还是通过专业的理财渠道，包括购买基金，来分享资本市场的红利。

在具体的操作思路上，我也有一些想法。我发现，很多基民，尤其是新入行的一些基民很热情，但心态比较着急，他们买了基金后跌一点就跑掉，稍微赚一点就变现，这些都不是好的操作思路。我身边就有一个朋友买了我的基金，他在群里经常分享他在我的基金中做的波段。但2020年年底的时候一统计，发现他的收益率是50%，而我的基金全年涨幅是120%。所以做波段虽然短期来看确实做对了几次，但是从长期来看，可能错过了更高的涨幅。所以我建议，如果大家想分享更大的资本市场发展和行业变革红利，买入并持有基金，甚至在回调的时候去定投，是非常好的思路。

有一句话特别想送给基民朋友：买基金和投资一样，需要耐得住寂寞，守得住繁华。

张　琳：给大家讲讲你的投资理念或者你遵守的投资纪律。基金经理和普通投资者之间差几步？

郑泽鸿：从投资出发，我们在这个行业沉淀的时间比较长，可以去预判这个行业会发生什么变化。一些非专业的投资者在看到这种变化的时候，股价可能已经有非常大的涨幅了，而此时我们已经做了一些操作上的调整。得益于平台，我们可以基于产业链对专业资源做一些研究，这可能是我们的一种优势。

张　琳：所以你会建议大家也在自己的能力半径里做自己擅长的事情？

郑泽鸿：在你的能力圈范围内投资的胜率肯定是很高的，尤其是在你的能力圈范围内有很好的投资机会的时候，就没有必要做其他的尝试。新能源就是这样一条赛道，它在我的能力圈范围内，同时这个领域在未来又有非常好的投资机会，在这样的情况下，我可能不太会在其他领域做新的尝试。当然，如果这个行业发生了变化，没有投资机会了，我也会在我所熟悉的其他领域找一些很好的资产去替代。

主持人手记

在我们对话的时间点，郑泽鸿只管理着一只基金，一只专注于新能源板块的主题基金。这只基金曾经经历过 40% 以上的回撤，但 2019 年以来新能源赛道的火爆，让这只基金长期占据收益率榜单的榜首位置。郑泽鸿成为基金讨论区中的热门基金经理，他管理的规模也一下子从 2020 年四季度的 20 亿元增长到了 2021 年 1 月份时的 200 亿元。对于 2020 年年初为了控制回撤进行的调仓，他曾后悔过，此刻，面对 2021 年一季度新能源板块的杀跌，不知道他会做出怎样的选择。我猜这一次，他大概率会选择忍受波动。我能感受到的是，作为最早买入宁德时代的基金经理，在经过几年的深耕之后，他一直在悟一个道理——投资要耐得住寂寞，守得住繁华。如果方向选对了，基本面没有出问题，那么这个时候选择忍受波动，或许才能赚取长周期中更高的收益。

PART

4 拥抱变化，守正出奇

张　琳 vs 新华基金经理　刘　彬

刘　彬

新华基金经理

清华大学学士，北京大学材料学博士，10 年证券从业经历。曾任中信建投证券研究发展部建材行业分析师。2015 年 4 月加入新华基金，先后担任行业研究员、策略研究员、基金经理助理，负责建筑、建材、医药和家电等多个行业以及策略研究，现任新华安享多裕定期开放灵活配置混合型基金、新华鑫泰灵活配置混合型基金、新华行业周期轮换混合型基金、新华科技创新主题灵活配置混合型基金、新华鑫动力灵活配置混合型基金的基金经理。

凭借专业优势，刘彬专注高科技领域，是“硬核科技选手，行业深度研究专家”。他管理的多只基金业绩表现优异，其中新华鑫动力灵活配置混合型基金 2020 年度收益翻番。海通证券业绩排行榜显示：截至 2020 年年底，刘彬管理的新华鑫动力灵活配置混合型基金一年期收益率为 121.43%, 在同类基金中排第六名；两年期收益率为 235.50%，在同类基金中排第十九名。

刘彬认为 2021 年会延续结构性行情，仍然会以科技为主，消费类也会有机会。新能源车领域背后的支撑是能源结构的大变革，这是未来 10 年整个技术发展进步的核心方向，是最大的机会。新能源车是在能源结构变革中最重要的推手，因此收益一定是非常可观的。

❖ *尽量去“守正”，去抓住这些大的龙头。这些龙头基本上是在过去 5 年或者 10 年之中经过检验的，是非常值得我们做重点配置的。*

❖ *一定要在一个行业刚开始发生变化的时候，尽快地去关注它，不要等到市场上所有人都开始关注的时候再去布局，那可能就晚了，就算追进去了，心里也会很忐忑。*

❖ *对新事物保持强烈的好奇心，这一点很重要。*

❖ *泡沫肯定不能太大，如果超越了行业天花板，也就是说，如果这个行业进入一个稳定发展态势后，仍支撑不了现在的股价的话，大家就一定要特别小心。*

❖ *无论是新势力还是传统车企，应该都会在这一轮电动化、智能化的浪潮当中迎来非常大的发展机遇。在行业发生快速变化的时候，新势力一定是占优势的。*

❖ *投资在很大程度上真的是和生活相关的。大家看看身边的朋友、年轻人最近这一两年在用什么，就会关注到一些新的变化，在这个基础上做更进一步的挖掘，就是一个投资的小方法。*

❖ *在这些低估值行业里面，未来可能会存在一个估值重估的时间点。现金流、资产负债状况都非常好的价值型优秀企业，是我接下来要重点挖掘的一个方向。*

❖ *一定要赚自己能懂的钱，把每分钱都赚得明明白白，不能靠运气。我们这个行业有一句话："靠运气挣的钱，大概率都会靠实力还回去。"*

❖ *每行每业都有机会，"三百六十行，行行出状元"，在你擅长的领域里把最好的东西挑出来，就一定可以赚钱。*

❖ *我们买基金到底是为了什么？是为了分享经济增长的红利。所以我们关注的一定是经济增长，要想一想未来经济增长的方向在哪里。*

投资如何"守正出奇"

张　琳：对 2021 年的大趋势进行判断的话，你觉得是真正的牛市来了，还是结构性行情的可能性更大？

刘　彬：我觉得过去两年都是结构性行情，2021 年其实也是结构性行情，但是可能会跟上一年有不太一样的地方。2020 年的结构性行情体现在对未来会高速发展的行业的预期，但之前预期高增长的这些行业，在 2021 年可能都会兑现了。从周期研究的角度上来讲，我觉得每一年的周期股行情都有两个阶段：第一阶段是涨预期，涨完之后一定会调整；调整完之后就是第二阶段，也就是预期兑现阶段。第一波涨幅往往大于第二波。所以我对 2021 年整体市场行情的判断是，大家看好的这些行业的龙头企业增速都不会慢，甚至会比 2020 年快很多，但是股价涨幅肯定不如 2020 年。

张　琳：你在基金经理岗位上可以算是一个新兵了，怎么评价自己2020年的整体业绩？

刘　彬：我管理着5只基金产品：新华鑫动力灵活配置混合型基金主要投资新能源；新华科技创新主题灵活配置混合型基金主要布局5G，还有一些新能源车；新华行业周期轮换混合型基金和新华鑫泰灵活配置混合型基金是对全市场进行配置，有成长类行业，也有周期行业；新华安享多裕定期开放灵活配置混合型基金更特殊了，它是一年期定投产品，追求绝对收益，预期年收益率在8个点左右，在基本上完成目标之后，这只基金我主要是低仓位运作。

虽然新华鑫动力灵活配置混合型基金年收益率最高，但并不一定代表管理得最好，实际上每个产品都有自己的定位。相对来说，有的行业虽然收益率低一点，但它可能已经完成了对市场的整体布局，未来值得期待；有的行业收益率很高，但对应的也是非常大的风险敞口。所以从行业内来讲，不能单纯以收益率判断产品的好坏，因为管理者的风险偏好会对产品投资方向、产品设计产生影响。

张　琳：你怎么做到同时管理这么多只基金的？你的研究领域很广泛吗？来说说你的投资风格吧。

刘　彬：我自己的投资风格以研究驱动为主。一个人的能力圈有限，不可能对市场实现全覆盖。在公募基金里，除了基金经理之外还有非常强大的投研体系，这个体系可以帮助我们迅速了解各行各业，寻找市场上的专家，和他们进行沟通，这样我们就可以涉猎很多领域。我这两年看好的行业有新能源车、消费电子、医药，以及我曾经持有过很长一段时间的半导体。从行业角度来看，我整体上偏向于投资成长类行业。

张　琳：“守正出奇”也是你的风格之一吗？

刘　彬：其实我觉得在我的投资风格中，“守正出奇”前面一句话更重要，叫“拥抱变化”。在整个研究投资的过程中，我非常关注变化。前段时间我自己做了一个总结，发现我管产品的这两年时间里，我的超额收益在 2019 年主要是靠 TWS（True Wireless Stereo，真正的无线立体声）无线蓝牙耳机这个产业链来实现的，在 2020 年主要是靠新能源汽车行业实现的。我总结了一下，这两个行业的共同特点就是它们对于原来的行业格局都会产生比较大的影响。比如说 2019 年，我重点投资 TWS 产业链的时候，是因为无线耳机在当时那个时点，迅速对有线耳机实现了替代。2020 年情况也类似，新能源车开始加速替代燃油车。所以在这种行业发生巨大变化的时候，对应的二级市场的投资机会相对就比较多。这也是我的投资框架首先要注重拥抱变化，在变化中寻找更多的投资机会的原因。

所谓“守正出奇”，首先是“守正”。现在的市场正处于机构化程度每年都在不断提高的过程中，我们会在每个行业里面选优质的公司，做一个长期的配置，这也是现在机构非常常用的一个投资策略。实施这样一个策略的结果是，大家都去配了龙头公司，其实这本质上是和我们经济的发展阶段相匹配的。我们现在很多行业并不是从零做起的，已经非常成熟了，比如消费电子，它的龙头企业在这个行业里面已经投入了大概十几年的时间，完成了技术、人才和资金的积累，“护城河”是很深的。龙头企业一年大概能在研发上投入五六十亿元，跟它竞争的那些小企业，可能收入都还达不到这个水平。所以从基本面上看，龙头企业更强，优势更集中，我就会尽量去“守正”，去抓住这些大的龙头。这些龙头基本上是在过去5年或者10年之中经过检验的，是非常值得我们做重点配置的。

其次就是“出奇”，这和我之前讲的拥抱变化有关系，就是一定要在一个行业刚开始发生变化的时候，尽快地去关注它，不要等到市场上所有人都开始关注的时候再去布局，那可能就晚了，就算追进去了，心里也会很忐忑。

张　琳：这一点听上去简单，做起来就难了。谁都想在变化的早期发现机会，但怎么发现呢？你能提前多久看到未来？

刘　彬：有一个前辈曾经对我说，对新事物保持强烈的好奇心，这一点很重要。大部分人在生活中，对很多事情的兴趣其实没那么大，但如果想要做好投资，你就要主动地了解周遭发生的新的变化，如果只是被动地接受，就很难了。我为什么看好新能源车？2017年2月份的时候，因为担心快要排队摇号了，我就提前去申请了新能源车牌照，后来就买了一辆新能源车。在使用的过程中，我的体验非常好，我觉得它可能是未来发展的趋势。后来我就花了很多时间研究这个行业。这可能和每个人的性格有一定的关系，也算不上天赋，但是我们确实需要保持这样一种好奇心，要能够很快地去了解、接触新的东西。

细话新能源

张　琳：新华鑫动力灵活配置混合型基金2020年的收益主要来自新能源，这也是机构抱团的重要板块，但现在新能源的估值已经很高了，接下来会不会出现大幅回调？对于接下来的趋势，你有什么样的总体判断？

刘　彬：最近很多人在讨论机构抱团瓦解的话题，典型的就是白酒和新能源，我其实比大家更担心这个问题。我最近一直在思考，新能源在现在这个位置是不是有很大的泡沫，这个时候是不是应该回避，我的产品是不是应该降仓位。我现在大概有了初步的结论，后面会做修正，先跟大家分享一下。

我们首先要做一个基础判断，这个行业在目前这个阶段是一定有泡沫的，但是泡沫是不是大到股价已经到了绝对的高位，已经超越了行业未来发展的天花板呢？我觉得还没有到这个程度。现在的泡沫只是，短期内大家对这个行业的关注度高了以后，涨了这么多，就把中短期的时间价值催得太高了。现在这个时间点有一点泡沫，我认为对于行业发展是有好处的。这就类似于这个世纪初的互联网泡沫，从长期的维度来看，泡沫对于互联网技术的发展起到了很大的推动作用，这也是金融二级市场对整个社会经济发展的贡献。当然，前提是你要选对方向。

泡沫肯定不能太大，如果超越了行业天花板，也就是说，如果这个行业进入一个稳定发展态势后，仍支撑不了现在的股价的话，大家就一定要特别小心。从我最近的分析看，新能源行业还没有到这个阶段，只是有短期情绪上的泡沫，接下来出现波动也正常。

张　琳：你指的波动是多大幅度的波动？

刘　彬：短期的情绪波动，大概会回调多少，是不好预测的。能够做到的一点是，我可以明确回调多大幅度之后，会再次去重仓它。如果要量化这个幅度的话，可能空间不会太大，我个人认为一季度最多就是一二十个百分点。我们看到一季度新能源行业的业绩非常好，产业链上的企业同比数据非常漂亮，业绩上是有一定支撑的。当然也不排除再往后，当边际增速弱化之后，有可能出现更大幅度的回调。

张　琳：最近有个新闻让很多人内心为之一颤。美国一位 39 岁的年轻人宣布退休了，因为他以 7.5 美元 / 股的价格买入特斯拉股票后，坚定持有，最终获利丰厚。这样的故事有没有可能在国内市场上演？现在上车新能源晚不晚？

刘　彬：其实是可以的。虽然这个行业现在的关注度很高，但毕竟它才刚刚开始发展，国内的渗透率才 4%～5%，全球的渗透率也才 3%，我个人判断将来它的渗透率在 50% 以上，所以空间是很大的。当然，因为新能源车现在的市场关注度很高，短期股价中可能已经打进了很多远期预期，但实际上行情还没有结束。我们可以关注一下国内，国内这些整车企业 2020 年也没少涨，只是被蔚来、特斯拉这些光芒更盛的车企掩盖了，变化已经实实在在发生了，汽车行业的整体热度肯定会有一定的持续性。

大家都会关注到最赚钱的那一拨人，有人买蔚来赚了 20 倍，有人买特斯拉赚了 10 倍，其实不用去羡慕，你能挣到的钱和你的风险承受能力是相匹配的。从专业投资者的角度来讲，那些人能赚那么多钱，相应地就能够承受那么大的风险。如果让月薪5000元的人去持有上百万元的股票，股票一天的波动可能比他一个月的工资还高，他是不可能承受得住这个波动的。所以如果真正想要在这个市场通过投资赚到大钱，首先要提高自己的风险承受能力。

张　琳：最近似乎又有一拨造车新势力要横空出世了，吉利和百度，现代和苹果，长安与华为纷纷展开合作，这对于行业发展和投资配置会有什么样的影响？

刘　彬：在这个时间点上，新能源车产业链上的配置要更关注两点：上游材料和下游整车。整车行业是我最近花费精力最多的一个细分方向。现在无论是这些准备跨界造车的，还是已有的造车新势力和传统车企，已经呈现出百花齐放、百家争鸣的状态，竞争一定会加剧，这对行业来说是一件非常好的事情。现在这些跨界合作的核心变化是传统造车企业开始和互联网企业深度融合，车企迎来了迅速向智能化转型的大趋势。以前，车企更关注的是怎么把车的底盘调校得更好，怎么把车的生产成本降得更低，把供应链管理得更好；现在则会倾注更多的精力在车的应用问题上，比如智能座舱、自动驾驶、软件开发、系统软硬件集成等。

汽车行业正在迅速地从传统制造业向科技行业转型，特斯拉已经给我们做了一个示范，未来中国的这些企业也会迅速跟上。无论是新势力还是传统车企，应该都会在这一轮电动化、智能化的浪潮当中迎来非常大的发展机遇。

张　琳：造车新势力和传统车企你更看好哪个？

刘　彬：如果从新旧势力的角度上来讲，我更看好新势力。汽车行业本身的供应链非常长，比手机要复杂得多，零部件都要多一个数量级。在这种情况下，传统车企想要变更一个供应商，至少要两年的时间，而且原有的利益关系盘根错节，要颠覆这么多年来稳定的供应链是很难的，所以传统车企转型很困难。而新势力没有这个困扰，直接做就可以了，比如特斯拉要引进一个新的供应商，6 个月的时间就够了。在行业发生快速变化的时候，新势力一定是占优势的。

张　琳：你的组合里会配置充电桩概念股吗？

刘　彬：充电桩的问题是没有形成太好的盈利模式，很多时候都要靠补贴政策。它本身占用过多土地的问题也还没有解决，更没有形成很顺畅的商业模式。这就是我的组合里面很少配置这一类股票的原因。如果接下来要大力发展充电桩，那很有可能还是靠政策推动，并不是靠市场本身。特斯拉靠自己推动了很多超级充电桩，但也还没有形成特别好的可持续的商业模式，所以，这个行业目前对我的吸引力不是太大。

张　琳：我们看到有些城市推出了氢燃料电池的公交车，这也是新能源车的一个方向。你们会关注氢能汽车概念股吗？

刘　彬：氢能汽车其实就是燃料电池汽车，燃料电池技术上已经成熟了，但还有局限性。我认为它可能只适用于商用场景，比如物流运输或者公共交通。在乘用车领域，相对于纯电车或者混动车来讲，它的优势可能还是没有那么明显。氢能也有自己的优势，比如发动机成本降了不少，还有补能优势，但纯电车的成本也在迅速下降，我还是更看好电动汽车。全球的车企巨头其实都已经做出选择，只有日本因为做了好多年氢燃料电池车，所以还在坚守，大部分车企都放弃或者减少了在这个方向的投入，它们都把大部分资金、人力投在了电动车上。

张　琳：光伏也是新能源范畴的一个被热捧的产业，你怎么看？

刘　彬：光伏方面，2020 年我大概配置了一二十个点的仓位。光伏和新能源车现在形成了一个阶段性的大闭环。这个产业现在发生了很大变化，在大部分光照条件好的地区，已经能够实现平价了，有非常良好的市场化发展前景，这是光伏产业未来的主逻辑。随着国家提出 2060 年碳中和远期规划，可以预见这个行业未来增长的确定性非常强。整体来讲，现在光伏行业的估值与新能源车相比还是低很多，而它远期的成长性又和新能源车不相上下，因此可能也会有 10 倍的空间，在这个时间点上，我看好光伏。

但这个行业受供需影响非常大，周期性很强。我们虽然看好它，但是还要去关注行业的供需状况。2020 年，光伏行业的股价有一个非常大的涨幅，行业内的预期也非常乐观，于是进行了大规模的扩产。这些新产能扩出来之后会对行业产生冲击或其他影响，要重点观察和判断是否存在产能过剩的问题，尤其是 2021 年下半年时要特别注意。

变化中的机会

张　琳：你现在最关注的投资方向都有哪些？

刘　彬：现在最热门的新能源车、消费电子、医药，受益于这一轮经济复苏的一部分周期行业也是我关注的方向，另外还有一个方向就是电子烟。

张　琳：电子烟的逻辑是什么？

刘　彬：电子烟类似于TWS耳机或者新能源车的逻辑，但它现在的渗透率非常低。2019年数据显示，电子烟在国内的渗透率只有1%左右，而欧美国家已经有20%～40%。

电子烟主打的就是减少卷烟中的焦油对人体健康造成的伤害，所以普及率在迅速提高，而且这个市场特别大，烟草本身就是个万亿元级的市场。

从大的方向上来看，电子烟无论是在雾化还是在加热不燃烧上，都会迎来比较大的发展。国内有一个电子烟品牌在美股上市了，关注度也相对上来了，这意味着这个行业已经到了一个可能会爆发式增长的临界点。这个产业链上A股相关的标的并不是太多，但是随着行业的发展，会涌现出越来越多的相关标的，现在我们也在积极地做这方面的研究。

其实投资在很大程度上真的是和生活相关的。大家看看身边的朋友、年轻人最近这一两年在用什么，就会关注到一些新的变化，在这个基础上做更进一步的挖掘，就是一个投资的小方法。

张　琳：但是电子烟现在有政策限制，互联网上都是禁售的。政策风险下，电子烟现在还不是一个好的投资选择吧？

刘　彬：目前来说，这个行业只是看起来有一个比较漂亮的大逻辑，但我们还需要持续跟踪，并不是现在闭着眼睛把产业链上的股票买一遍就行了。

电子烟存在的意义是什么呢？它既让人享受了尼古丁的刺激，又屏蔽掉了焦油，其实是减害产品。将来电子烟如果能做到加热不燃烧，进而替代传统卷烟，就可以从本质上减轻抽烟对烟民造成的伤害。我们国家的烟民有2.8亿，对于他们来说，电子烟未来可能是一个比较好的选择。电子烟替代卷烟的市场是非常大的。从相关企业的招股说明书上的数据来看，这个行业在过去一年是爆发式的增长，增速非常快。需要注意的是，烟草企业是我们国家的纳税大户，如果任凭电子烟野蛮生长，而政策没有跟上的话，对中国烟草原来的既得利益者会产生一定的冲击，所以电子烟行业在发展过程中一定会有波动，这也是我们以后要去关注的地方。

张　琳：在消费电子方向，怎么看面板的投资机会？

刘　彬：2019年我花了大量的时间在这个行业里，当时得出了一个最基本的结论：未来面板一定会有一波很大的行情，它的供需一定会在一个时间点上发生扭转。现在这个行业大部分时间都是供过于求的状态，相对来讲，电视大面板这一块的增速比较稳定，特别大的行情很难再有了。到2021年下半年或者2022年时，量产爬坡可能就爬得差不多了，产能该释放的释放了，该退出的退出了，供给端会处于相对比较稳定的阶段，对应的需求也会缓慢增长，行业的竞争格局便会趋于稳定。从周期的逻辑上来讲，这个时候应该有比较大的机会。这个行业的细分方向中，大尺寸面板上的龙头是中国企业，未来在 A 股市场会有比较大的机会，我会持续关注，也建议投资者对这个方向给予足够的重视。

张　琳：从医药行业细分方向来看，医药 CXO（医药研发及生产外包）、医疗器械、中药、慢性病用药、医疗信息化，你更关注哪个方向？

刘　彬：医药行业我接下来一段时间会重点关注的细分方向有两个，一是医疗服务外包行业，二是第三方医疗检测行业。此外，创新药、中药领域我也会关注，但是近一两年内对医药方面的投资还是应该主要集中在服务和器械上。未来随着集采的趋于稳定，创新药可能会有大的机会，但现在把时间花在医疗服务上面，相对来说会是更好的选择。

张　琳：目前全球半导体产业链断货危机加剧，芯片销售非常火爆，可以说国产半导体企业机会很大，但为什么半导体行业的股票的反应却很迟缓？

刘　彬：2019 年的时候，我配置了比较多的半导体，现在不算太多。对于这个行业，我觉得大方向没有问题，现在主要是预期的问题。如果半导体还是处于前期那种比较高压的状态下，即使它的前途一片光明，短期也可能会走得比较累。如果短期价格的上涨能反映到 A 股的这些产业链上，可能会对股价有一些影响，但也不会表现得那么明显。所以我认为，在这种情况下，适当配置是可以的，但还有很多东西看不清，需要后续的观察。

张　琳：现在大部分手机厂商都在升级5G机型，感觉接下来对5G的需求会持续增长，你觉得应该重点关注5G应用、5G基站还是其他细分方向？

刘　彬：2019年的时候，大家就已经开始布局5G方向了，当时重点关注的是上游的基站。现在看来，基站的建设数量基本符合预期或者略低一点。此外，5G的渗透率已经很高了。我之前看过一个数据，说5G手机已经占到新手机销售总量的40%～50%。5G行业主要关注的是上游基站，手机以及与手机相关的零部件，再有就是下游应用。

我的观点是，从三大产业链的各个部分来看，现在一线城市基本上已经实现5G全覆盖了，二线城市也差不多了，所以现在基站的吸引力其实已经不太大了，这个行业的增速可能差不多就是现在这样了，不会再进一步加快了，这个环节的投资机会相对来说会少一些。

这一轮的5G手机换机潮还是可以关注的，虽然消费电子、苹果产业链、安卓系统的手机供应链最近的表现相对一般，但我个人认为它们后面应该会有一波机会。我们身边会有越来越多的人用5G手机。苹果今年也推出了新的5G机型，后面的销售有可能超预期，大家可以关注一下。

另外一个大的新生方向可能是5G应用，也就是软件。从现阶段来讲，我们可能还没有看到太清晰的路径，也没有新兴的细分行业成长起来，我之前觉得云游戏是大方向，但目前来看它的表现不如我当初的预期，后面我们会继续观察。

张　琳：对于目前不太受关注的，大家觉得低估值的行业，比如银行、地产、基建，你会关注吗？

刘　彬：我的全市场配置的组合里面其实也配了一些低估值的行业，像一些传统的周期股，可能估值在 10 倍以下。它们由于各种原因被低估，要具体分析。实际上有些行业现在非常挣钱，而且可能比那些所谓新兴产业挣的要多得多。我最近关注的一个典型就是建材。中国过去经历的是经济的高速增长，大家一般不会考虑一些增速很缓慢或者现金流很稳定的企业，因为在其他企业身上可以更快挣到更多的钱。但是当市场经济发展到现在这个阶段，经济增长速度降下来之后，大家会发现个位数的增速其实也挺不错，何况还能够稳定地给你带来现金流。实际上，我觉得在这些低估值行业里面，未来可能会存在一个估值重估的时间点。现金流、资产负债状况都非常好的价值型优秀企业，是我接下来要重点挖掘的一个方向。

赚自己能懂的钱

张　琳：对于普通投资者，你觉得可以传授给他们什么样的投资方法和逻辑呢？

刘　彬： 其实我经常跟我的基金持有人还有身边的朋友交流一个核心观点，就是一定要赚自己能懂的钱，把每分钱都赚得明明白白，不能靠运气。我们这个行业有一句话："靠运气挣的钱，大概率都会靠实力还回去。"投资一定要在自己熟悉和深入了解的行业里面做，不要广撒网。即便我是专业的基金经理，但在同一个时间段，我能够深入了解的方向大概也就五六个，不会全市场都铺开。

就普通投资者而言，我建议大家尽量在自己从事的行业做深入的挖掘，在自己熟悉的行业里找相关的投资标的。其实每行每业都有机会，"三百六十行，行行出状元"，在你擅长的领域里把最好的东西挑出来，就一定可以赚钱。

张　琳：你觉得做好投资需要什么能力？

刘　彬： 我希望大家能提高自己的风险承受能力，保证自己拥有稳定健康的现金流，在这个基础上再做投资。我不建议大家，尤其是年轻人把太多的时间放在股票研究或者基金研究上面，因为人的精力是有限的。与其把时间、精力放到这上面，不如把它们放到自己的本职工作上，这样可能收获会更多。

当然，普通投资者也可以找一些现在市场上跟自己的价值观、投资理念相符的基金经理，做一些深入了解后，购买他们的基金，收益可能会比自己炒股高很多。

张　琳：买基金该怎么选？

刘　彬：我们买基金到底是为了什么？是为了分享经济增长的红利。所以我们关注的一定是经济增长，要想一想未来经济增长的方向在哪里。经济增长的重心在慢慢地转移，我们要顺势而为，并尽量关注到那些能带动经济增长的行业。之前讨论的新能源车、大消费、医药、光伏等行业，可能都是接下来会有很大增长的行业。在这些行业里分享经济增长的红利，是我会在自己的投资框架里面考虑的问题。

主持人手记

“一定要赚自己能懂的钱，把每分钱都赚得明明白白，不能靠运气。”这是我对“清北学子”刘彬印象最深的一句话。现在你不妨想一想，自己最近买入的一只股票，买入的原因到底是什么，听消息？朋友推荐？市场热点？还是无来由地闭眼买入？顺便也可以想想，最终的收益情况是否符合你的预期。我们常说“不忘初心”，投资也是一样，如果这个初心是和企业共成长，分享中国经济增长的红利，那么研究就是必不可少的。而且最好是在自己熟悉的领域深度挖掘，这样胜算会大一些，即使判断失误了，也不会怨天尤人。投资可能需要天赋，但我想对于大多数人而言，投资的胜率更多来自细心的观察和深入的研究，否则一定会印证那句话，“靠运气挣的钱，大概率都会靠实力还回去”。

PART 5

深挖“三好”投资标的

姚振山 vs 鹏华基金经理　孟　昊

孟 昊

鹏华基金经理

北京大学理学硕士，具备 6 年证券从业经验、3 年基金管理经验。2014 年 7 月加盟鹏华，在研究部任研究员直至 2018 年 1 月，先后覆盖传媒互联网、环保和公用事业、轻工制造等多个行业。2017 年年初开始担任研究部中游制造组组长。中游制造组主要包含机械、电力设备、新能源、轻工制造等行业。中游制造组的研究经历为其投资能力圈的形成奠定了重要基础。由于在研究员阶段表现非常优异，不到 4 年时间就从研究部调入权益投资二部担任基金经理。

目前管理公募基金规模近 30 亿元。截至 2021 年 1 月 27 日，鹏华消费领先混合基金总回报超过 200%，年化回报达 66%，排在同业前 5%。鹏华环保产业股票基金累计回报 190%，年化回报超 100%，排在同业前 4%，2020 年全年回报达 117%，排在同业前 3%。凭借过往突出的投资回报，鹏华环保产业股票基金于 2020 年 7 月荣获了《上海证券报》颁发的“金基金”奖，并于 2021 年 1 月获评晨星三年期五星级基金。

遵循价值成长风格，立足产业，精选个股，挣企业业绩增长的钱。通过不断的投资实践积累，逐渐形成了自下而上精选个股的“三好”投资策略：好赛道、好公司、好价格。

❖ 从全球的市场情况来看，港股的资产性价比还是非常高的。

❖ 立足于产业，基于对个股的深度挖掘、深度研究，从中长期持股的角度出发，挣企业业绩增长的钱。

❖ 龙头公司的格局已经很稳固了，龙头的竞争能力、竞争地位也是后发者很难追赶的，这一类股票稳定持有就可以了。

❖ 技术突破是迭代性的，是逐步渐进式的，而不会是一次性飞跃的。

❖ 好的生意一定具备一些特点：一是商业模式、业务模式要非常简单、明了、清晰；二是行业或者业务具备一定的进入壁垒，具备一定的进入门槛，不是所有人都可以做的，不是所有人都可以参与进来的；三是行业的天花板一定要比较高或者企业的成长空间一定要比较大。

❖ 一定要在对产业的发展阶段及龙头公司的质优程度做出了综合预判的前提下，再谈估值的问题。

立足产业，挣业绩增长的钱

姚振山：从 2021 年 1 月 18 日前后这几周股市的表现来看，一开始白酒涨得非常快、非常好，但这两天白酒在持续地下跌；新能源涨势非常猛，但最近一周波动又加大了；有些板块在加大调整，但半导体板块这两天特别火，很多股票创出历史新高，最突出的就是半导体设备公司；还有一个现象，最近有很多资金南下去香港淘金，认为港股是全球股市的估值洼地……这是最近这两周出现的一些现象和变化。你认为市场上有哪些新的特点出现？有没有给你的投资决策带来一些影响，使你的策略发生一些变化？

孟　昊：从我持股的情况或者组合的固定情况来看，我更多的是立足于产业，基于对个股的深度研究，从一个偏中长期持股的视角去看待投资的，所以我对这种短期的板块之间的轮动，或者个股在非基本面因素影响下的下跌，关注得相对少一些。近期的新能源车和白酒有些调整，其实我觉得是估值问题。从 2020 年的涨幅情况来看，新能源车和白酒整体的涨幅非常大，短期的估值确实偏贵一些，有些投资者可能会有兑现收益的需求。对于这种调整，如果不是基本面因素，而是投资风格问题或者比较短期的一些数据问题造成的，我还是会坚定地持有我手中的这些股票。

对于港股，其实我们从2020年年初就开始重视了。因为我们觉得从全球的市场情况来看，港股的资产性价比还是非常高的，主要有两个方面的原因：一是从全球来看，人民币资产有非常大的吸引力；二是在全球市场里，整个港股的估值比较便宜。所以，我们从去年就开始加大对港股市场的研究力度。其间我们主要立足于港股的互联网部分，对可选消费、教育、医疗等中长期的优质赛道，加大了研究力度。其实港股的一些标的，在我们现有的组合里也有不少体现。从中长期来看，我非常看好港股，尤其是今年、明年，我觉得机会都非常大。

半导体在我的组合里的占比会比较少一些。它本身的静态估值比较贵，在这样一个估值比较贵的条件下去投资的话，还是要对产业以及公司的资质有很深的了解，这一块我还要加强。

姚振山：2021年，很多人都建议把收益率的目标调低一些，但是作为专业的投资机构、专业的基金经理，如果把预期降低，你们的压力会更大。你认为2021年会有超额收益的领域有哪些？

孟　昊：我认为超额收益来自两个方面：一方面，我看好通过对部分子行业的超配获得超额收益，比如新能源汽车产业链、出口型制造业，以及工业自动化，对这三个大的子行业的超配会带来超额收益。另一方面，我们需要花很多精力去研究的就是港股，港股在未来两三年内的机会非常大。因为港股的估值从全球市场来看，是比较便宜的。如果去看AH股溢价的情况，就会发现，在2020年年底，AH股溢价接近了历史高点，所以相对于A股，

H 股的估值更便宜。我们其实在 2020 年年初就开始将比较多的精力花在对港股的研究上了，我们主要看好的行业还是在互联网、部分可选消费和医药上。对于港股市场，在深度研究基础之上再进行个股的挖掘和配置，会是 2021 年比较大的超额收益的来源。

姚振山：其实你刚才讲的很多内容都跟你自己的投资风格，包括你自己建立的投资体系有很大的关系。在你的整个从业经历中有哪些让你印象比较深刻的事情，或者是怎样的研究过程让你形成了现在这种投资风格？

孟　昊：其实我的经历很简单，2014 年硕士毕业之后就进入鹏华基金，从研究员干起，先后研究过的行业有传媒互联网、环保和公用事业、轻工制造等。这里面第一个很重要的节点是 2017 年我在研究部任中游制造组的组长。这是从研究过渡到投资的一个职位，它的好处是能够研究相对多的行业。我在那一年研究了新能源、机械、轻工制造、环保和公用事业这一类大制造业板块。在那段时间里，我比较深入地研究了新能源，这让我后面的投资有了一个研究背景和研究基础，所以说这是第一个重要的节点，对我个人的投资成长有比较大的帮助。第二个节点是 2018 年我从研究部转岗到权益投资二部，开始管理组合。那一年里我也获得了非常大的成长。那时候因为刚开始管理组合，所以我尝试了很多的投资方法，也做过轮动，最后发现效果不是特别好，也走过一些弯路。2018 年下半年的时候，其实我们部门内部有一个对于投资方法的讨论，就是要我们去回答，我们怎么在这个股票市场持续地挣钱，我们到底挣的是什么钱。当时我们部门也做了很多头脑风暴，持续了半年时间，我们每个人都上去讲。我觉得这个事情对我的冲击还是很大的，因为大家都去讨论，都去进行头脑风暴，所以我自己慢慢地也在这种边学边管理的实践当中，做了一些调整、纠正，最后我慢慢地固定了自己的投资风格。我现在的投资风格就是立足于产业，基于对个股的深度挖掘、深度研究，从中长期持股的角度出发，挣企业业绩增长的钱。可以说，我的投资思路还是相对比较清晰的。

姚振山：先看赛道，从赛道里找公司，再来看这个公司在这个赛道里的位置，有没有长期持有的价值，按照这样一个逻辑去选公司。

孟　昊：对。

继续看好新能源赛道

姚振山：你的组合还是以环保产业为主吧？但是你对环保产业的理解范围是不是比较宽，比如把新能源也纳入到环保的范畴里面了？

孟　昊：是的。环保是比较大的主题，主要包括两个方面：一是前端的能源结构改革，二是后端的环境治理。前端的能源结构改革其实主要就是现在大家比较关注的新能源，包括光伏、风电、新能源车，它们都是能源结构调整或者能源结构改革的一些产业；后端就是大家所说的环境治理，比如水处理、垃圾焚烧治理。所以环保产业是一个很大的产业。

姚振山：你现在的持仓结构里面是不是前端占的比重会大一些？我们也注意到，这两年可能是因为一些政府订单或者是招投标等的影响，后端环境治理的环保类股票的估值或者业绩并没有完全展现出来。

孟　昊：是的，从我的基金在2020年的收益来看，最主要的收益来源还是我超配的新能源。在我超配的新能源的结构里面，我还大量超配了新能源汽车产业链。我在2020年的时候对于新能源汽车有一个大的判断，即2020年是新能源汽车消费级车型大量出现的元年。新能源汽车产业在国内已发展了将近10年的时间，在10年的时间维度里面，我们的新能源汽车行业走过了从政策驱动到运营成本驱动再到2020年的消费驱动这样一个过程。汽车说到底还是消费品，这个产业想要长期持续稳定地发展，还需要自发的消费需求来带动。我们在2020年的时候，看到了这样一个现象：市场上出现了大量的消费级车型，特斯拉、蔚来、小鹏、理想，还有比亚迪等。正是基于对产业链的观察，我们才对这个板块有了一个比较大的配置。而且从长期来看，这个行业的渗透率还非常低，2020年的渗透率只有4%～5%。但我相信随着消费级车型的大量出现，渗透率的提升会非常快，到2025年的时候，新能源汽车的产业渗透率会远远超过20%，所以这个行业的空间非常大。我们年初重仓配置的新能源汽车在2020年一整年中，对我们的组合的贡献还是非常大的。

对于环保行业，我觉得主要有两个方面的问题：一是环保行业的客户大部分是政府，而从过去三年各地政府的财政情况来看，它们的财政压力比较大，所以对环保的需求自然就会下降。二是这个行业在2017年、2018年去杠杆的过程当中，很多公司受到了非常大的伤害。这个行业都是以资产负债表扩张带来利润表增长的，或者通过不断地加杠杆和融资的方式获得发展。所以我们会发现，在2017年、2018年去杠杆的过程当中，有很多环保公司的大股东爆仓了，或者这些大股东转让了他们的股权。而这些公司一旦转让了股权，就会元气大伤，很多公司的长期成长就受到了很大的影响。对于环保行业，我自己在组合里也会有一些配置，因为我本身是研究这个行业出身的，所以对这个行业的研究相对来讲有一定的领先性。环保行业里有一类公司是做工程的，这一类公司是最容易出现问题的。所以我配置的主要是偏运营类的公司。运营类公司本身的现金流、业务的稳定性还是比较高的。我的组合里也有环保运营类资产，从平衡组合的角度来看，它们还是能起到一定作用的。

姚振山：2021年，你的组合会有比较大的变动吗？是继续在超配新能源汽车产业链的基础上，再加上一些环保运营类公司？因为现在很多研究机构包括基金经理都有两个判断：一是2021年的收益预期要自我调整，要下降，不会像2020年那么高了；二是像化工类这样的低估值的品种，2021年估值提上去的机会可能比新能源汽车等要大。这样的判断对于你的组合

是不是一个非常大的挑战？

孟　昊：2021 年，我的组合在结构上不会有特别大的变化，新能源汽车还是会占非常大的仓位。大的方向上的判断是 2021 年整个新能源汽车产业链业绩的弹性和爆发性都会非常强，我们从静态跟踪情况来看也能得出这样的结论。新能源车产业链结构会有微调，我会加配的一些环节是锂电以及材料环节，而整车环节的加配需要稍微谨慎一些。2021 年新能源车整车竞争会相对激烈一些，因为越来越多的传统车企进军新能源汽车这个产业。对于消费者来说，可选择的车型会越来越多，自然整车竞争就会相对激烈一些。所以我还是会在这个板块里配比较高的仓位，但是结构会有一定的微调。

此外，我会在我的组合中加入 2021 年新看好的一些子行业。我现在比较确定的，一是出口型制造业，二是装备自动化。家电和家居用品里面的出口型制造业，受疫情的影响还是比较小的，随着国内生产的恢复，这个行业恢复得也比较快。我们通过越来越多的调研发现，海外的很多订单需求已转移到国内来了，如很多家居用品、家电、机电类企业的订单已经排到了今年下半年，业绩爆发力比较强。2020 年融资环境非常松，信贷投放量非常大，这些钱并没有流向地产和基建，而是流向大量的制造业企业，加上企业的需求比较大，使得企业的扩产需求极其旺盛。相应的，制造业投资或者资本开支的增加会带来很多对工业自动化公司的需求。

姚振山：新能源汽车产业链微调，重点提了材料环节。目前新

能源锂电池的材料，可能有正极、负极、隔膜、电解液、铜箔，甚至包括一些小的材料，比如导电剂。前段时间说到了固态电池，结果导致很多材料公司的股票跌停了。你说你看好材料中间的环节，能不能细讲一下，重点是哪一块？还有，对于六氟磷酸锂的涨价，能不能再给我们一些具体的建议？

孟　昊：我自己在选新能源汽车产业链的股票的时候，有一个大致思路。我会从两个方面筛选：一是从偏长期的维度看待它的竞争格局，稳定性很强、格局非常清晰、龙头地位牢不可破的公司，我会在整个组合里偏中长期持有，偏底仓配置；二是需求暴发带来的短期供给的错配，会带来材料价格的上涨和业绩暴发的弹性，对于这类公司，我会阶段性持有。所以基本上是这样的思路，一是从长期角度考虑，二是看偏中短期的供需情况带来的业绩爆发力。回到你刚才提到的问题，材料中很多环节还是偏中短期的，因为这些环节中有很多会牵扯到技术的迁移，很多环节的格局的稳定性会差一些。在这种情况下，我觉得要退而求其次，选一些格局相对好的，所以我配置正极比较多，还有正极的前驱体，再有就是负极，最后是阶段性爆发力比较强、弹性比较足的电解液，电解液上游的六氟磷酸锂的弹性也比较强。六氟磷酸锂过去的价格曾接近 40 万元，最低时也曾跌到 4 万元，最近又反弹到 12 万元左右。在价格急剧下跌的过程中，有很多产能退出了，从而使得行业供过于求的状况有所改善，价格弹性也因此而比较大。电解液行业的供给壁垒、进入壁垒会稍微低一些，上游六氟磷酸锂行业的进入壁垒就比电解液要高一些。我自己主要是从材料环节规避那些技术存在迁移风险的个股，比如隔膜，还有基于短期的业绩爆发力角度考虑的一些个股。另外一类，比如电池，其实龙头公司的格局已经很稳固了，龙头的竞争能力、竞争地位也是后发者很难追赶的，这一类股票稳定持有就可以了。

姚振山：我们聊着聊着就聊到了新能源电动车产业链，看来这个行业的热度是有目共睹的。在这种情况下，会不会因为预期一致而显得过热呢？

孟　昊：我觉得“过热”是一个相对的概念，很多人是看自己内心的预期收益率，另外还要看持股周期。很多的个股，因为产业还处于一个比较早期的阶段，比如整个新能源汽车的渗透率才4%～5%，所以这个产业还处在很早期的阶段。在这个阶段，其短期或者静态的估值确实是很贵的，因为随着产业的渗透率的提升，产业链上很多公司都会受益，都会有规模扩大，都会有盈利扩张，所以估值自然就上去了。对于这一类产业，我会更多地基于产业渗透率提升的过程，基于产业链环节上某个或者某些公司在产业链渗透率提升的过程当中市占率的提升有多大的弹性，去预估当时公司的利润体量以及市值，再倒算回去，看持有期间它的预期收益率能够达到什么样的水平，对于这个预期收益率我是不是满意。我觉得这样一个估值体系可能对于短期渗透率比较低的产业，对于这种个股的估值会更为有利一些。不是说看今年很多公司的估值有六七十倍，有些龙头公司甚至达到了上百倍，就觉得贵，我们要把时间稍微拉长一些，看看产业渗透的过程中，我们会有什么样的投资收益率，这样会更为合理一些。

姚振山：未来三五年内有没有可能出现一个新的技术，出现替

代现有的锂电池概念的新能源技术？有没有技术迭代的可能或者能让大家又一次眼前一亮的技术进步？

孟　昊：我周末参加了“中国电动汽车百人会论坛”，学术界以及产业界对于技术有很多的探讨。有两点是可以明确的：第一，锂电池产业的技术迭代一定是渐进性的、逐步的，而不会是飞跃式的发展，不会突然一下某个材料或者结构就有了很大的突破；第二，宁德时代的曾老板也反复强调，他们在材料、结构环节有很多布局，所以龙头公司有一个好处，就是整个研发团队的研发能力与其他的参与方相比，有很大的竞争优势。对于这种渐进性的技术，龙头公司在能力方面、储备方面肯定有很多警惕性的预案，而本身它的能力又很强。所以我觉得对于这类技术迭代，我们可以去期待，可以去等待，但是这一类龙头公司出现颠覆性技术革命的概率非常小，因为技术突破是迭代性的，是逐步渐进式的，而不会是一次性飞跃的。

自饮比例提高给白酒带来新机会

姚振山：2021 年除了环保行业里的新能源电动车、光伏、风电的组合之外，在消费这一块是看医疗器械，还是看医药，又或者是看医疗服务、食品饮料等领域呢？

孟　昊：2021 年我的消费领先组合整体的持仓结构中，新能源车、家电家居出口型制造业，都占一定的比例。另外，我对医疗器械也非常看好。国产医疗器械的替代空间还是非常大的，而且我国已经出现了非常强的、具备全球竞争力的公司。我还比较看好白酒，虽然白酒近期有所调整，但是从2021年全年来看，白酒的机会还是比较大的。

姚振山：白酒是不是要等一等，等一季度报公布的时候，看哪家的增长率比较高，然后再做选择呢？

孟　昊：我们对白酒的研究偏长期一些，不是基于季度性的业绩增速来选股或者评估的，更多的还是根据它的品牌价值和势能，以及它的渠道的动销情况进行一种系统性的判断。回过头来回答关于白酒机会的问题，我觉得这是一个偏长期的投资，所以调整过程其实是一个很好的加仓机会。大家现在之所以对白酒行业有一个短期的担忧，是因为最近我国有一些零星散发的疫情，导致政府收紧了防控措施，这些措施可能会影响白酒的终端使用场景——聚餐，但是降低的这些需求，在后面会一次性回补的。另外，白酒还会受到经济周期的影响，在经济恢复的过程当中，白酒的需求量相对来讲也会有系统性的增加。疫情对于白酒的消费场景的影响是暂时的，因为短期因素导致的调整反而是一个机会。

姚振山：市场上讲的喝点白酒有助于抗疫、抗新冠病毒有道理吗？大家确实看到了，虽然2020年一季度消费的断档对于白酒企业的业绩有所影响，但整体来看，2020年白酒卖得还是挺好的。为什么2020年白酒卖得这么好？跟疫情有关系吗？

孟　昊：从科学的角度来讲，肯定一点关系都没有，喝白酒抗疫没有一点科学依据。因为酒精进入胃里以后有一个消化的过程，并不存在大家所传的那种情况，而且很多病毒对于酒精也不一定很敏感，酒精杀病毒的效果不一定那么明显，这个论断没有什么科学依据。

为什么2020年白酒虽然受到了疫情的冲击，但是它的需求还是很大呢？其实我觉得这需要深思一个问题，就是白酒的自饮消费现在到底是什么样的情况。如果我们把白酒当成聚餐饮品考虑的话，从理论上来讲，2020年白酒的需求应该非常差，因为2020年上半年基本上没有聚集消费，尤其是宴请的消费。经过2020年，我们更应该相信白酒的这种自饮的消费需求的比例在逐步提高。其实消费者自饮的习惯养成之后，会相对比较持续。经过2020年的疫情，我们对于这个行业的认识应该要加深，应该认识到一些突发事件对整个行业的影响其实在减少。随着消费者自饮白酒比例的提升，白酒行业的稳定性其实是在提高的。

姚振山：你刚才提到了一个非常重要的概念，就是自饮。是不是能形成这样的新的逻辑：在2020年聚餐这么少的情况下，白酒都卖得这么好，而到了2021年自饮的比例会继续增加，再加上疫情过后，聚餐的机会可能也会增加，那么白酒只会卖得更好，所以这个板块的投资机会仍然是比较大的？这个逻辑顺吗？

孟　昊：从环比的情况来看肯定是这样的。一方面，即使2021年还有暴发疫情的苗头，但是相比2020年春节时的情况已经好了很多。2021年零星的病例冒出来的状况肯定也是短暂的，不会像2020年那样从1月底开始一直持续到5月，很多城市甚至持续到7月，这种情况肯定不会再出现。2021年可能在很短的时间内会受到疫情影响，尤其宴请类需求可能会推迟，但是这一类需求在3—4月回补的可能性比较大。另一方面，很多自饮需求还是存在的，一旦这些需求形成消费，稳定性会很高。所以我可以下很明确的结论，2021年白酒的情况肯定会比2020年好很多。至于这里面的结构，我们肯定还是需要去细分一下的，比如高端酒受宴请情况的影响要小一些，次高端酒受宴请情况的影响要稍微大一些。

姚振山：你管理的基金里面有专门的消费品基金，这两年对于白酒、调味品是大年，而有几大知名消费品牌的乳业板块似乎被市场提及得不多。你怎么评价？你的消费品基金中有乳业板块的股票吗？

孟　昊：我没有投资乳业，一是因为我觉得乳制品行业本身的增长乃至整个消费领域的增长，其实已经过了一个快速成长的阶段；二是因为乳业的竞争还是比较激烈的，我国的乳业市场就有两大巨头；三是从乳业的角度来看，乳制品本身的差异性其实不是特别大，大家对于品牌的忠诚度也不高，不像白酒，但产品品牌的差异性又很大。所以我没有在消费领先组合中去布局乳业。主要还是基于两点，一是从行业增长情况出发，二是从格局和产品品类属性的角度出发。

“三好”选股标准

姚振山：你在很多场合说，你选择的股票要具备“三好”条件，即好公司、好赛道、好估值，我们来一一解剖一下。好公司的标准到底该怎么定？这个话题非常大，你要是能梳理成几条，让大家有一个比较简明扼要的判断就最好了。

孟　昊：我们这些投资人每天都在选股，每天都在筛选公司。我自己也有一个相对比较系统的挑选好公司的模式或者维度，总结起来主要有三个维度，接下来我再细说，但最主要的还是从公司的业务维度出发，核心就是要去判断这家公司做的这门生意是不是一个好的生意。

姚振山：什么是好生意？

孟　昊：从业务维度讲，好的生意一定具备一些特点：一是商业模式、业务模式要非常简单、明了、清晰；二是行业或者业务具备一定的进入壁垒，具备一定的进入门槛，不是所有人都可以做的，不是所有人都可以参与进来的；三是行业的天花板一定要比较高或者企业的成长空间一定要比较大。这是我对一个好的生意的定义，或者说是从业务维度去筛选好的公司的主要依据。

从管理团队的维度讲，我自己在投资过程中很看重管理层的能力、格局，以及管理层的执行力、专注力。在投资过程当中对人做判断是非常难的，因为人的很多行为或者性格很难通过一次访谈、一次调研得出结论。我自己有一个小窍门，在此跟大家分享一下。我会更多地从公司的成长历史这个维度去评估这家公司，因为这家公司虽然现在上市了，体量慢慢变大了，但它一定是由一家小的公司发展而来的。我们看一下这家公司在从小到大的过程当中遇到了哪些困难，往往就能够非常清晰明了地判断出一个团队在面对困难的时候是不是专注，还是一碰到困难就马上转型了。总的来说，一是看这个团队是不是专注，二是看其格局、能力以及面对困难时的态度和执行力，基于对这些历史的观察，我们能够相对立体地看出一个管理团队的品性、格局、执行力和专注力。

从财务维度讲，因为在投资的过程当中，我们对于业务、对于团队的判断其实都是具有预设性的，我们都是基于一定逻辑推演进行预判的，而所有的预判最后都要落到财务上，所以我们每个月、每个季度或者每年，都要去做一个回顾，对财务报表做一个回顾，看看它是不是正常地按照我们原来预设的方向在发展。财务情况其实可以验证我刚才在管理团队维度讲的假设结果，很多公司的财务状况非常简单明了，而且可追溯、很真实。这就是我筛选公司的一套比较简单的方法、体系。

姚振山：我总结一下，业务模式要简单，最好三五句话能跟大家讲明白，你是做什么的，钱是怎么赚的；成长空间要很大，你所在的行业空间也要大；管理团队则要立体地看。这里我有一个小问题，你要看这家公司的历史，那么这家公司的历史是从它成立时开始算，还是从上市之后开始算，要看多少年的历史才能够观察出它的成长过程？

孟　昊：我觉得还是分为两种情况，对于上市时间比较长的一些公司，我们可以从它们上市起到现在做一个时间维度的观察。另外，现在 IPO（首次公开募股）的公司越来越多，很多研究都开始前置，刚开始上市的新股，我们也需要去研究，对于这一类公司，我们就得从招股书的角度，以及从对其高管的一些访谈、过去的新闻访谈纪要中看这个公司的发展，尤其要从招股书中寻找一些迹象。

姚振山：财务维度总结出来就是财务其实是一个结果，是你从前面两个维度得出假设之后，用财务的结果来验证前面的逻辑和推理到底对不对。我们很多人可能看股票的时候，会把财务作为前置条件，从投资角度来讲，这种方法是错的吗？

孟　昊：每个人的习惯不太一样，有些人就是先看财务，比如从赢利能力、ROE（净资产收益率）、净利润入手，低的先剔除了，这也是一种分析方法，不存在哪个错、哪个对。先从业务角度入手去看这个公司，对我来讲更为直观一些。

姚振山：你觉得什么样的赛道属于好赛道？2021 年到 2022 年，什么赛道比较好？

孟　昊：好赛道首先是行业空间大，产业发展阶段处于快速增长的状态；其次是行业格局比较稳定，龙头公司已经跑出来了；最后是业务结构和盈利模式简单、清晰。2021 年我看好的赛道是新能源，新能源现在的渗透率还很低，所以未来成长潜力非常大，这是可以看 10 年的行业。从子行业去筛的话，我更看好新能源汽车，往细了讲，我更看好新能源汽车里面的锂电和电池材料环节。2021 年工业自动化也会有很大的机会，因为整个社会的融资环境比较宽松，企业资金可获得性比较好，而且很多国外需求已转单到国内来，会加速制造业需求的增长。有需求增加，还有进口替代过程，所以说 2021 年工业自动化的机会非常大。

姚振山：最难的是对估值的判断，因为每个人对估值都有不同的判断，到底好估值的标准是什么呢？比如锂电池产业链，龙头公司现在的估值已经有 100 多倍了，这是好估值吗？

孟　昊：我自己觉得估值不是简单的 PE（市盈率）或者 PB（市净率）的概念，不是一个数字的概念。一定要在对产业的发展阶段及龙头公司的质优程度做出了综合预判的前提下，再谈估值的问题。对于所在行业渗透率本身比较低，产业发展阶段处于早期，而它本身作为龙头的质优程度非常高，龙头的地位牢不可破的这一类公司，我对它们的静态或者短期的估值的容忍度会比较高。对于这一类资产，我更倾向于用预期回报率的概念或者方式去评估它们的投资回报或者市值空间。预期回报是基于产业渗透率提升、龙头的市占率提升这样的假设的前提条件设置的，我们会在假设的前提条件之上，预估它们的盈利以及市值，并根据现在的市值倒算预期回报率有多少。对于传统行业来说，它们的渗透率本身已经很高了，或者说它们已经处于平稳增长阶段了，那么我更多地还是以历史估值中枢为参考，再结合现在同一类资产的估值水平去评估它们的估值。我还是想强调，任何一个对于估值的讨论，一定是在我们对产业有深度理解，对于公司的质优程度、发展态势、未来的空间有一个很清晰的逻辑、很清晰的框架之后再来谈的，一定要在了解了这些信息之后再谈估值到底是贵了还是便宜了。

姚振山：它是你综合各种因素得出的一种认知感觉，而不是一个数字，20 倍还是 30 倍，不应该这么来算估值。

孟　昊：是的。

主持人手记

什么才是好生意？孟昊总结出来三点：商业模式要简单，要有进入壁垒，行业空间要足够大。在我看来，满足这三点不一定能精准找到收益率倍数最好的公司，但是一定不会“踩雷”，不会买到业务虚假的、财务造假的公司。

如果你认同“买股票是在买公司”，那么投资的底线其实也就变得简单了，不要买错，先算好能赔多少，而不是计算能挣多少。当你每一笔投资都先计算会赔多少的时候，你就只会去买做“好生意”的公司。而要在“好生意”和“好生意”之间判断出谁会是某个时期或者某个时代“最好的生意”，就需要修炼功力了。

PART

6 投资中的“靠山吃海”

姚振山 vs

前海开源董事总经理
权益投资决策委员会主席
联席投资总监
基金经理

曲　扬

曲　扬

前海开源董事总经理、权益投资决策委员会主席、
联席投资总监、基金经理

清华大学计算机科学与技术系博士，拥有 12 年公募基金从业经验，包括 9 年港股投资经验和 5 年 A 股投资经验。曾任职于南方基金管理有限公司和南方东英资产管理有限公司，现任职于前海开源基金管理有限公司，担任员工持股委员会主席、董事总经理、权益投资决策委员会主席、联席投资总监、基金经理。

曲扬曾获第 7 届中国基金业英华奖五年期股票投资最佳基金经理。他所管理的基金曾获第 15 届中国基金业明星基金奖三年持续回报平衡混合型明星基金、第 17 届“金基金”沪港深基金三年期奖。

具有全球化的投资视野和体系化的投资理念，致力于寻找朝阳行业的好公司。在 2018 年 1 月 1 日至 2020 年 12 月 31 日三年所有偏股型基金中，他管理的前海开源中国稀缺资产混合基金排名第一，收益率为 287%。

❖ *估值越高，未来潜在的回报率有可能就越低。*

❖ *资金总是在寻找更被低估的资产，就像水总是会流到洼地一样。*

❖ *一样的资产，估值更低的潜在回报率更高。有很多在港股的估值比在 A 股的估值低，所以理论上，它们的投资价值比 A 股的那部分资产更高一些。*

❖ *立足长期的回报率的话，越是长期增长确定、增速快的公司，可能就越能给我们带来高的复合回报。*

❖ *要思考什么样的产品是我们未来愿意花更多的钱去买的，这样的产品往往是没有天花板的，它的成长持续性会更好。*

❖ *公司资产的价值跟由谁持有没有关系，归根到底，还是要看这些资产的质地怎么样，未来的前景怎么样。*

❖ *我们想想几十年前、一百年前甚至两百年前，什么东西是现在需要那个时候也需要的，而且未来若干年以后可能还会被需要，这样的永续的东西，再加上能增长，可能就能带来比较好的结果。*

❖ *它们的长期前景很好，确定性比较高，而且中短期来看受外界的宏观因素、外部因素的影响比较小。这样的公司在极端的市场环境下往往会有比较好的表现，拉长周期来看也往往有超额收益。*

❖ *宁愿犯不择时的错误，也不要犯择时的错误。因为不择时的错误会随着时间慢慢纠正回来，但是择时的错误有可能再也纠正不回来了。*

❖ *只有经历失败，你才能进步，而当这些损失或者失败没有发生的时候，你往往就只是在原地踏步，没有进步。*

港股的“拐点”

姚振山：今天是 2021 年 1 月 19 日，我们看到 A 股市场有很多股票又开始回调了，包括前期的热门行业，比如新能源、白酒、半导体，所以 A 股的白酒、新能源的高点是不是都已经出来了？我这里有一组数据，港股今天南向资金净流入 265 亿港元，12 个交易日内流入港股的南向资金是 1852 亿港元，那么到底 A 股现在正在发生什么样的变化？对于港股，你有什么看法？

曲　扬：A 股、港股现在内地投资者都可以投资，通过港股通就可以投资港股，很方便。港股市场上多数的公司还是我们内地的公司，它们的经营场所都在内地，所以跟 A 股的很多公司在经营上是可比的，但是因为它们在港交所挂牌，所以投资者结构有一些区别。港股市场上海外的投资者，特别是机构投资者比较多，内地投资者则相对少一些。港股跟 A 股的共同点是以中国公司为主，不同点在于，投资者的结构不太一样，所以港股跟 A 股的走势有相关性，但是有的时候也有分化，像这两天就有一些分化，这可能也是因为之前港股一直有折价。有一些公司同时在 A 股和港股交易，这些公司就是 A+H 的公司，很多公司在港股上市的估值比在 A 股上市的估值要低，有折价，这种折价也长期存在，只是有的时候折价会多一点，有的时候少一些。这几天港股的表现比 A 股好一些，折价就收窄了，这种情况可以用市场的波动来理解。2019 年、2020 年 A 股的表现整体要比港股好一些，那时 A 股相对港股的溢价就在慢慢拉大，但到一定程度时，市场可能就会均值回归，就会像钟摆一样摆动。现在相对来说，港股可能又慢慢跑赢了 A 股，这就是大概的情况。

姚振山：A 股，特别是新能源、白酒这些 2020 年走势非常强的行业是不是已经见顶了？或者阶段性头部已经出来了？

曲　扬：短期的走势我说不好，判断不出来。不过估值越高，未来潜在的回报率有可能就越低，有回调很正常，资金总是在寻找更被低估的资产，就像水总是会流到洼地一样。当 AH 股溢价到了一定程度的时候，港股就会显得很便宜，这个时候大家可能就更愿意用资金去买估值更低的资产。

姚振山：在行业的配置和选择上，投港股和投 A 股一样吗？很多公司在港股和 A 股都上市，估值差距有 20%～30%，在投港股的时候，香港市场是不是有一些特殊的行业或者股票收益率会更高？

曲　扬：跟 A 股比，港股可能有两类投资机会比较有吸引力。一类就是刚才你提到的有的公司同时在港股跟 A 股上市，如果我们从价值投资的角度思考，因为同股同权，所以我们认为一样的资产，估值更低的潜在回报率更高。同样的资产有很多在港股的估值比在A股的估值低，所以理论上，它们的投资价值比A股的那部分资产更高一些，过去港股的投资机会很大程度上来自这种机会。最近两年，港股市场出现了越来越多的来自内地的一些新兴产业的公司，一些在美国上市的公司也选择回港股做二次上市，所以港股市场上上市公司的结构在慢慢地发生变化。像中国的经济结构一样，港股中一些新兴产业、一些朝阳行业的占比在不断地提升，而这些行业与A股有比较好的互补性。我们知道，有很多行业的好公司选择在A股上市，但是也有一些好的行业、好的公司在港股上市，最有代表性的就是互联网公司。中国一些好的互联网公司、龙头的互联网公司都选择在港股上市。所以如果我们仔细研究一些新兴产业、朝阳行业，我们会发现有一些行业和公司没有选择A股，它们只在港股上市，这些行业和公司也有很好的投资机会。以上就是我认为投资港股可以选择的两个方向。

姚振山：在香港有一些如地产、金融、大宗商品、外贸、航运等偏传统类的公司，它们的估值常年在5～10倍之间，它们会不会在这波行情里走出来？今天好像很多地产公司的走势都比较强。

曲　扬：有些在港股上市的传统行业确实估值比较低，那么到底怎么给这类公司估值？怎么给它们定价呢？一般给一个资产估值，可能要看这个资产一年、两年或者若干年之后的表现。有些传统行业的公司周期性强一些，预测未来越长的时间就越难看清，所以比较难定价；又因为它们的不确定性大，所以估值上会有一些折价，一直比较便宜，但这也是动态变化的，当一些条件发生变动的时候，价值也有可能重估。如果一个公司都是中国的资产，都是人民币资产，它的营收、利润也都是以人民币计算，那么当人民币相对美元升值时，这些资产的价值以美元计价的话就会进行价值重估，也会升值。所以这类公司是有机会走出来的，但是这种机会可能很多时候是一些宏观因素在驱动。

姚振山：因为人民币的升值或者宏观经济的复苏，带动了这些传统产业的估值的提升，但是对于内在的基本面长期向好的一些公司来讲，机会期相对来说要短暂一些，所以如果买港股的话，尽量还是要多看基本面长期走势比较好的公司，是这个道理吗？

曲　扬：对。如果我们是立足长期的回报率的话，越是长期增长确定、增速快的公司，可能就越能给我们带来高的复合回报。

姚振山：2021 年是持港股好还是持 A 股好，这个问题好像没有标准答案吧？你偏重哪一个呢？你 2020 年的主要仓位放在 A 股上，2021 年是不是能在沪港深蓝筹精选基金之外适当配一些港股？如果条件允许的话，今年的组合中，港股和 A 股的持股比例你会怎么分配？条件不允许的话，能不能给个人投资者一些建议？

曲　扬：我在实际管理组合的时候，是一个自下而上的思路，没有预先对这个组合要投多少 A 股、投多少港股设置一个比例，而是把港股和 A 股放到一起比较，选我认为更有吸引力的。所以，最后这个组合里是 A 股占比高还是港股占比高，完全是选股的结果，跟 A 股、港股的整体指数涨跌关系不大。

“精神消费”或“物质消费”

姚振山：你的投资组合中的十大重仓股，基本都跟消费、医疗、新能源有很大的关系，在 2021 年是不是继续看好这几个行业？

曲　扬：是。从比较长期的维度来看，我很看好这些行业，因为它们都是我认为的朝阳行业，符合中国经济转型的方向，符合经济结构变化的方向。它们未来发展的空间很大，能够代表中国在国际市场上的竞争力。这样的行业不是好一年、两年，拉的时间越长，它们的优势就越突出。所以我是从未来长期，比如 5 年、10 年，或者更长期的角度出发，把重心放在这些方向上的。短期很难判断，因为影响短期的因素有很多，我们很难知道哪个因素是主要因素，所以我不怎么做短期的判断。

姚振山：就是不择时，要把公司挑好，把行业挑好。

曲　扬：对。谨慎择时，宁愿犯不择时的错误，也不要犯择时的错误。

姚振山：我们假设一个场景：按照你去年的收益率，在你的基金持续搞营销的情况下，会有大量的钱申购你的基金，那么你手里可能又有了一大笔钱。这时，你会在原来看好的行业的个股里不断加仓，还是虽然你在2021年仍看好新能源、医疗、消费，但仍会从大的行业里找一些在这个赛道上的小行业里的公司呢？如果是这样的话，你觉得2021年哪些细分领域有可能会带来比较好的收益率？

曲　扬：选择细分行业、选择公司也要站在长期的维度，所以我对这些公司的看法，一般来讲，短期内很少有大的变化。如果有新增的资金，我会看自己看好的这些公司在未来的回报率是否能够达到自己的要求，如果能达到，它们就是我要投资的标的，跟我手上的钱是新资金还是老资金没有太大的关系。

姚振山：几百年来，老百姓都需要一些产品，比如食品饮料，我注意到这两年榨菜、食用油等股票的涨势比较好，但是基础的食品，比如面粉、大米、玉米等，跟这些行业相关的公司，为什么股价就只有波动式的机会，而没有长线走强的机会呢？

曲　扬：老百姓的消费或者需求可以分成物质消费和精神消费两大类，物质消费解决大家的温饱问题，这个需求比较容易满足，而有些消费属于精神消费，比如奢侈品、化妆品等。精神消费跟刚才讲的面粉、食用油这些有一点不太一样。可能大家在消费面粉的时候，会感觉这些面粉差异不大，但是一些精神消费品则会因人而异，不同的人消费的感受是不一样的。而且在不同的场合这个感受可能也不一样，大家愿意为这种感受去买单，愿意为这种感受去付出，所以这种偏精神的消费的空间更大，也更有定价权。大家将来的可支配收入的开支比例当中，这种偏精神的消费的占比可能会越来越大，而物质消费的占比可能会越来越小。

姚振山：有一点很关键，在你投资消费类股票的时候，要分清楚它是给你提供了纯粹的物质消费，还是在满足你物质消费需求的同时又满足了你精神层面的消费需求，比如品牌化、个性化。这一类公司可能在未来成长起来以后会更有空间是吗？

曲　扬：对。我们要思考什么样的产品是我们未来愿意花更多的钱去买的，这样的产品往往是没有天花板的，它的成长持续性会更好。

姚振山：投资者特别关心高端消费和免税行业，对此你有什么看法？

曲　扬：我的理解是，比如奢侈品、高档烟酒就属于高端消费。很多精神层面的消费，其实不是为了解决温饱问题，所以对于这种消费，大家可能在价格上考虑得少一些，或者说行业本身更有定价权一些。因此，从需求端来讲，高端消费是一个不错的行业。免税行业主要经营高端消费品，供给受牌照限制，所以我们主要要看有多少家免税品经营公司、将来有什么样的竞争格局。如果竞争格局比较稳定，随着需求的增长都能增长的话，那免税行业就是不错的生意。

姚振山：消费股是这两年大量基金集中持股的板块，因此最近关于基金抱团或者抱团取暖的话题，也讨论得比较热闹，你有什么看法？你觉得基金抱团在2021年是仍然会延续下去，还是会发生一些新变化？

曲　扬：公司资产的价值跟由谁持有没有关系，一个公司到底值多少钱，内在价值怎么样，跟其股东结构是没有关系的。短期的股价波动也许跟这些因素有关系，因为如果股东的思考模式是一样的，他们的行为可能就比较一致，也就有可能带来股价的波动。所以短期跟长期是不同的，由谁持股在长期看来是没有什么影响的。另外，在A股市场上，机构持股占比其实还是比较低的，散户占比反而高一些；而美国股市中机构持股占比非常高，其中的大市值公司的股东基本上都是机构。所以在美股市场上，也可以认为存在着机构抱团的现象。但从长期来看，如果这些公司确实质地好，能持续不断地增长，这种机构占比高的情况对它的股价表现的影响，我们可能感受不到，可能也确实没有什么影响。所以归根到底，还是要看这些资产的质地怎么样，未来的前景怎么样，像苹果那一批公司，它们的机构抱团情况可能比我们要严重得多，但是这并不影响它们股价的持续上涨。

姚振山：只要资产好，不怕抱团。

曲　扬：对，关键还是看基本面。

姚振山：顺便聊聊医美吧，这属于新兴消费了。爱美客、华熙生

物都是千亿市值的公司了，它们算是物质消费还是精神消费呢？

曲　扬： 医美行业确实属于精神消费，而且随着人们收入的提升，大家可能愿意花更多的钱在医美领域。既然需求不错，那就看供给，供给要看什么样的公司提供的产品很难被其他公司替代，如果有这样的产品，那这个公司的潜力就很大。

姚振山：那么对于医美行业，你看产品端比较多还是看服务端比较多？所谓服务端，就是你在美容院享受的一些相关服务；而产品端，比如一些跟医美有关的产品，用了能让你的形体或者健康问题得到改善或者解决。你觉得这两端哪个会更好呢？

曲　扬： 从准入门槛的角度来讲，好像产品端门槛要更高一些。

姚振山：还有一个需要讨论的板块是消费电子，它也是消费，跟你的专业相关，也算是你最熟悉的领域，可是你的组合里面，这类品种不多吧？

曲　扬： 我曾经以为这个方面在我的能力圈范围内，但后来发现并非如此。对于我来说，消费电子之所以比较难，是因为它是靠技术创新来驱动需求的。有新的产品出现时，大家就愿意去购买，但是创新的可预测性比较低，我不知道哪个公司会有更好的产品推出，也不知道新的产品在几年之后会不会被其他产品替代。也就是说，它的可预见度会比较差，看不太长，很难用现金流折现这种思维方式去考虑它的价值。

选股的三个维度

姚振山：你的选股标准是什么？

曲　扬：我个人比较认同价值投资，要做价值投资就要先评估一家公司的价值。如果它的价值能够评估，我们可以跟它现在的市值去做一下比较，看看未来是不是能够达到回报率的要求，如果可以达到，那它就有可能是我们潜在的投资标的。所以，这些公司就被分成了两类，一类是能够评估价值的，一类是没有能力评估的，没有能力评估的就筛掉了，剩下的是我们有能力评估的或者自认为有能力评估的。怎么来筛呢？好的公司主要要从三个维度来评判。第一个方面，它经营的是不是一个好生意，或者商业模式是不是比较好，这个生意是不是比较赚钱，未来经营起来的确定性是不是比较高，各方面风险是不是比较小。第二个方面，公司的治理是不是比较好，包括管理团队、管理层的诚信怎么样，过往展现的管理能力、管理文化等怎么样，这些属于企业的软实力。第三个方面可以概括成“靠山吃海”。“吃海”指的是空间更大，就是巴菲特讲的滚雪球，长长的坡、厚厚的雪，雪球就会越滚越大；“靠山”就是竞争力很强，也就是巴菲特讲的“护城河”够宽。“靠山吃海”就是说一个公司竞争力很强，面向的市场很大，将来可能可以拿走这个市场上很大的一块份额。如果是这样的公司，未来可能更容易预测一些。如果这三个方面都比较好，我们正确预测它未来发展方向的可能性就会更大。

姚振山：总结一下，三个维度就是，要是好生意，公司治理结

构要比较好，行业空间要比较大。这几天好几个基金经理谈到选股标准的时候，观点都大同小异，大家都提到了竞争力要比较强，经营的要是好的生意，公司要比较能赚钱，这里我想问一下，什么叫作能赚钱？用什么指标衡量是否能赚钱？是用利润规模衡量，还是用净资产收益率衡量，又或者是利润率、毛利率？能不能给普通投资者提供几个衡量指标？

曲　扬：我们可能得站在经营者的角度去考虑这个问题。我们把自己代入一个经营者的角色后，更容易思考什么样的生意算是好生意。比较理想的状态当然就是很容易经营，企业发展需要的投入比较少，消耗的资本比较少，另外，存货、场地、市场营销、经营等各方面所需要的投入都比较少，工作也比较容易做，投资回报率又比较高，概括下来就是投入少，赚钱多。

姚振山：你觉得现在哪几个行业属于好生意？

曲　扬：像一些面向个人消费者的，提供的产品或者服务是独家的，或者只有少数几家能提供这种产品或服务的行业，就属于好生意。互联网整体上算是一个比较好的生意，因为它的竞争格局比较好，并且面向全国十几亿的用户，市场也比较大。

姚振山：茅台是一个好生意吗？它是独家提供。

曲　扬：是。而且它对资本的消耗比较少。

姚振山：你怎么判断公司治理得好不好？这对于普通投资者来

说比较难，普通投资者要怎么才能看出来这个公司靠谱不靠谱，或者公司治理水平是否比较完善、比较好？

曲　扬：现在媒体很发达，我们可以通过各种媒体了解上市公司，了解上市公司的管理层。口碑很重要，人民的眼睛是雪亮的，如果发现这家公司的口碑有瑕疵，就要把这家公司排除掉，如果过去有不良记录也要把它排除掉。在媒体上，在公开的一些论坛上，如果某家公司的口碑比较好，我们就可以重点关注一下，再看看这家公司过往的一些经营情况，本着优中选优的思路就比较容易选出靠谱的公司。

姚振山：你觉得哪几类商业模式能够让投资者快速地筛选出一批值得去跟踪的企业？

曲　扬：商业模式比较难分类，也很难去定义。如果我们能够说明商业模式可以分为几类，能够比较严谨地把什么是好的商业模式定义出来的话，选股投资就会变得简单很多。但好的商业模式很多时候都是辩证的，在此，我想从什么样的商业模式是好的商业模式谈起。因为我们分析商业模式的目的还是希望能够评估一个企业的价值，所以如果我们能够评估企业未来每年能为股东创造多少财富，如果它为股东创造的财富从长期来看会不断地增长，没有天花板，确定性很高，如果这个增长速度还能超过社会财富的平均增长速度，那么这个公司很可能就是我们要找的。我们再反过来看，什么样的生意、什么样的商业模式能够带来这样的结果。首先它的产品、服务面向的需求，以及市场的空间是没有天花板的，是能够不断地成长的。比如说我们想想几十年前、一百年前甚至两百年前，什么东西是现在需要那个时候也需要的，而且未来若干年以后可能还会被需要，比如水，吃的、喝的。很多东西有这种特征，这样的永续的东西，再加上能增长，可能就能带来比较好的结果。如果一个产品属于大宗商品，进入门槛不高，比较标准化，供给端又没有太宽的“护城河”，就会使得谁都能提供这种商品，或者说提供这种商品比较难赚到钱，未来很难增长，这样可能也达不到我们想要的结果。如果有的产品只有少数的企业能够提供，而这种产品又是一百年、两百年之后人们仍然需要的，并且是人们随着可支配收入的增长，愿意花更多的钱去购买的产品，那么这个公司就很可能能够永续保持一个比较令人满意的增长速度，这就是比较好的商业模式。因为它的产品总是被需要，大家也愿意花更多的钱去换取，又有比较宽的“护城河”，而且只有少数企业能够提供这种产品，这样的商业模式就会使得这个企业规避掉很多风险。因为竞争对手比较难进入，所以不用在市场营销、推广上花太多的资源，也不用太多地去考虑库存、原材料的供给等，只要这个产品始终供不应求，很多生产、经营环节的难度就会大大降低。如果能找到一批这种公司，我们从长期来看，大概率是能够超越或者起码能跟得上整个社会财富的平均增长水平的。

姚振山：到目前为止，你看到的哪些行业符合你刚才讲的这种商业模式？

曲　扬：这种行业有一些，虽然不多，但多数都集中在那些面向个人的、有消费属性的行业里，比如食品饮料、医药、互联网，它们都有这样的属性——为每个人提供产品或者服务，直接面向个人消费者。因为我们的人口还在增长，而且每个人的可支配收入会随着经济的发展而不断地增长，我们的购买力也会不断地增长，所以对这些产品的需求——无论是从量上还是从金额上——都会变得没有天花板，会随着时间的推移而不断地增长。因此，这些企业首先就具备了一个好的条件，就是在需求侧确定性比较高。如果在这些行业里有一些细分行业，或者有一些公司，既有比较强的优势——可能是靠品牌，可能是靠工艺，也可能像可口可乐一样靠配方——又像化妆品一样能够让消费者认为它的产品跟别人的不一样，不管是事实上不一样，还是只是消费者认为不一样，只要能使得很难有行业或者公司去跟它竞争，很难有行业或者公司替代它，那么这样不断成长的行业或者公司就会在这个市场当中不断地做大，所以好的商业模式是要同时具备需求端和供给端的条件的。面向消费者的行业需求端的条件比较容易具备，这时我们还要看这些行业是否具备了比较宽的“护城河”。

淡化择时操作

姚振山：你这么谨慎和严谨，是不是跟你出身于计算机专业有关？

曲　扬：可能有点关系吧。

姚振山：学计算机就是在 0 和 1 两个数字里做文章吗？

曲　扬： 读博士、做科研、做课题的时候，0 就是 0，1 就是 1，没有 0.5。

姚振山：你觉得你这段经历给你的投资决策、投资研究带来了哪些好处，又有哪些坏处？

曲　扬： 这段经历对我的投资确实有帮助，但是也有一些不利的影响。帮助的方面是，计算机属于工科，当时做的很多课题偏理论，跟理工有一些关系，而做课题、做研究对于思维是一种训练，一定要做到透过现象看本质。因为要解决很多工程方面的问题，必须得把问题背后的原理搞清楚，再将其抽象成数学模型。也就是说我必须先把一个问题理解清楚，再将它提炼成一个抽象的模型，然后去解释它、解决它，所以有一个从具体到一般，再从一般到具体的过程。这个过程可能对我现在做研究、做投资很有帮助。具体地说，就是我会看很多公司，而各个公司是不一样的，它们有很多不同的商业模式，但是我希望能够找到这些公司和这些商业模式背后共通的东西、最本质的东西，或者叫作主要矛盾。把主要矛盾找出来，就抓住了最核心的问题，然后再去解决它，跟以前做课题的时候的思维模式差不多。

姚振山：就是研究透了。那局限呢？

曲　扬： 对，在这方面还是有帮助的。很多时候把问题想清楚，对于解决问题有很大的帮助，可能就成功了一半了吧。我想到的局限可能也不是学计算机带来的局限，因为做投资跟在学校做课题，还是有很多不一样的地方的。我是计算机专业的，所以入行之后我就主要看计算机行业，也会看电子、通信这些TMT行业。开始做投资以后，我对偏科技的公司更有好感，我觉得自己好像更擅长这方面，以为自己的能力圈覆盖了这个方面。但是后来我发现，你学什么，你是什么专业的，跟这个方面在不在你的能力圈范围内是两码事，至少在投资上是两码事。即使我学过一些课程，做过一些课题，我仍然不知道这些公司的未来，不知道从经营的角度来看这些公司能够给股东带来什么。我可能只是对那些技术有一些了解，但是对于企业未来的发展，仍然是看不清的，所以也谈不上有能力圈。刚开始以为能力圈覆盖了这方面，就把很多精力放在这些公司、这些行业上面，也很草率地去做了一些决策，但是后来发现这好像跟能力圈不是一回事，所以我也走过一些弯路。

姚振山：好像2018年是你个人投资方式的转型期，2018年之前，你是自上而下，先看宏观，再看行业，最后挑股票；2018年之后，你开始自下而上，更多的是看公司。你觉得造成你前后这么大的变化的原因是什么？

曲　扬：以前自上而下、自下而上相结合的做法比较多一些，我会考虑行业的轮动、行业的配置。理论上，在不同的经济周期、不同的阶段，配置不同的资产可能会有更好的表现。在行业的配置上，如果能跟经济周期相吻合，配一些顺周期受益的行业，我们的组合收益会更好一些，理论上是有这种可能的。但是在实际执行的过程中，这种操作对于个人能力的要求非常高，而自下而上选股要考虑的问题相对来说就要少很多，而且需要考虑的那些问题很多时候都有答案，有逻辑。自上而下择时的时候，经济周期太难判断了，而且很多因素不是我们能判断得了的。经过一段时间的摸索，我慢慢地发现可能自己在这个方面并不是很擅长。2018 年的市场比较极端，我在此前通过行业配置调整了组合结构，但 2018 年遇到了贸易摩擦、去杠杆，所以整个组合表现得就比较差。后来我也反思过，也想看看到底是什么样的行业、什么样的公司才能在 2018 年那样恶劣的市场环境下表现得不错，慢慢地我就发现了一些公司，也就是刚才讲的那些，它们的长期前景很好，确定性比较高，而且中短期来看受外界的宏观因素、外部因素的影响比较小。这样的公司在极端的市场环境下往往会有比较好的表现，拉长周期来看也往往有超额收益。所以我慢慢地就把更多的精力放在自下而上选好的行业、好的公司上面了。

姚振山：我们跟投资界的人，包括基金经理、研究员，无论是公募的基金经理、私募的基金经理，还是行业研究员，交流和聊天的时候，大家更多地在谈自下而上，都在刻苦地去找好的公司，你觉得自下而上会不会成为 A 股未来选股体系中的一个主要逻辑，成为大家选股的一个新的理念？

曲　扬：自下而上就是以选股为主，可能对宏观的把握会少一些，或者说对宏观做决策时会更谨慎一些，也就是在对宏观非常有把握的时候才会做一次决策，多数时候并不根据宏观的这些因素做决策。对多数人来讲，可能更适合自下而上的方式，因为自上而下对人的要求太高了，只有少部分人才可以做到。

姚振山：市场走势相对比较平稳、比较温和的时候，你可以在股市里面自下而上找出很多好的行业或者公司，那么如果遇到熊市呢？你不去判断宏观，不判断整个市场阶段，自下而上满仓操作，最后熊市来了，你的损失不会很大吗？

曲　扬：如果能预判到是熊市，当然会规避这个风险。如果市场长期看是向上的，经济不断地向上发展，M2 在不断地增长，财富在不断地膨胀，我们可以看空，但看空要很谨慎，因为如果看错了，我们可能没有机会去弥补错误。在没有太大把握的时候，我不会去做空，这个时候也有可能犯错，如果真的跌了我会有损失，但是我们是有机会把这个错误弥补回来的，因为经济在不断地增长，企业在不断地发展，如果我们持有的是那种从长期来看效益在不断增长的企业，这个错误会被时间纠正，所以我们要做时间的朋友。

姚振山：你不能买错，假如说买错了，一轮熊市下来，这只股票可能到下一轮牛市来的时候也涨不回去，这是一个很重要的判断。

曲　扬：宁愿犯不择时的错误，也不要犯择时的错误。因为不择时的错误会随着时间慢慢纠正回来，但是择时的错误有可能再也纠正不回来了。

我的投资反思

姚振山：你觉得哪种模式在你的投资过程当中特别成功？

曲　扬：当你经历了几个案例之后，就会考虑为什么会这样，然后你会发现其中往往有共性，而这对我们的意义就是让我们记住背后的道理。越是能让我从长期去考虑它的价值的公司，越是短期看起来没有任何催化剂和积极的变化的公司，它们往往能给我带来惊喜，它们的表现也往往会超预期，会让我不知道为什么能涨，为什么会涨成这样。我获得成功的原因都是相同的，即我选中的公司长期都很好，因为我对它短期没有预期或者预期很低，但结果往往让我觉得很惊喜。

姚振山：你的哲学思考的逻辑越来越重了，因为你更看重长期，对短期没有预期，反而短期让你超了预期，这是一个很好的解读。那么哪些经历促使你反思？你在这个过程当中有过巨大的失败吗？

曲　扬：有很多。导致失败的共性就是某家公司近期或者中短期有一些好的因素、好的变化，我看得很重，从而忽视了很多其他的问题，如公司治理的问题、公司过去的诚信问题，忽视了它可能受一些宏观因素影响很大，它可能没有什么长期前景。只是看中了它短期有什么新产品，或者有什么变革，因为这些去做了决策，最后的结果往往都不太好。

姚振山：在你的投资过程当中，有让你后悔的事情吗？

曲　扬：我经历的让我后悔的事情有很多。不过我现在的看法变了，我发现只有当你有了损失，在决策上出现了错误，开始后悔的时候，才会去思考哪里不对，才会认识到原来规律是这样的，而你之前没有认识到这些规律。所以说，只有经历失败，你才能进步，而当这些损失或者失败没有发生的时候，你往往就只是在原地踏步，没有进步。因此，我并不后悔，因为那些失败是帮助我成长的，应该觉得越早有那些失误越好。

主持人手记

“宁愿犯不择时的错误，也不要犯择时的错误”“对短期没有预期，结果短期超预期”，看到这些话，您是会觉得自己在跟一位僧侣人士对话，还是在跟一位基金经理对话呢？曲扬有十几年的证券从业经历，9 年基金经理执业经历。他有计算机的工学博士背景，却又承认在投资领域，看不懂计算机行业的未来。他身上充满着关于投资的矛盾面，但也许就是这种对立让他对投资有了完全独立的、充满思辨的、因势而变的逻辑，最终在投资的标的上实现了统一，也达到了一个资产管理者追求的高度——为客户创造出最高的价值。

PART

7 用长期思维深耕大消费市场

张　琳 vs 诺德投资研究部研究总监、基金经理　罗世锋

罗世锋

诺德投资研究部研究总监、基金经理

清华大学工商管理学院硕士，超10年证券及相关行业从业经验。2008年加入诺德基金管理有限公司，先后担任投资研究部高级研究员、基金经理助理等职务，现任诺德投资研究部研究总监，并担任诺德周期策略混合型基金、诺德价值优势混合型基金的基金经理。

2020年获评财视中国主办的介甫奖之年度TOP10基金经理；在由金融界主办的领航中国年度评选中获得杰出年度基金经理奖。所管理的诺德价值优势混合型基金获评《证券时报》主办的明星基金奖之2017年度积极混合型明星基金。诺德周期策略混合型基金在2019年获评东方财富、天天基金共同举办的东方财富风云榜之连续五年稳回报基金；在2020年获财视中国主办的介甫奖之优秀绝对收益策略奖。

截至2020年12月31日，诺德价值优势混合和诺德周期策略混合型基金的规模分别为35.59亿元、11.89亿元。2020年全年（2020.1.2—2020.12.31），诺德价值优势混合型基金和诺德周期策略混合型基金的全年净值增长率分别为132.60%、129.10%，分别位列同类产品第二名和第四名。

❖ *价值投资是相对比较好的方法和体系，不管是在 A 股市场还是美股市场，这套体系都被证明是比较有效的。其实就是找到正确的方法，然后付出努力实践它，尽量做到“知行合一”。*

❖ *中国人均 GDP 在 2020 年刚刚跨过 1 万美元的大关，消费正在升级，我们愿意用更好的产品和服务满足老百姓对美好生活的追求，所以不管衣食住行还是其他方面，消费行业都迎来了层出不穷的机会。*

❖ *从行业属性来看，很少有行业像白酒这么优秀，它的投资属性能够让消费者产生品牌依赖，产生对于其背后文化的认知，以及对于其所代表的中华文化和传统的认可。*

❖ *马斯洛的需求理论中包括生理需求、安全需求、社交需求、尊重需求、自我实现的需求，不同的需求层面会有不一样的特点，而酒刚好满足了各个层次的需求。*

❖ *从品牌的溢价能力、品牌的价值，它的存货性、金融性、稀缺性来说，白酒是我们永远不能忽视的一个行业，它未来 5 年的增长是十分确定的。*

❖ *餐饮业现在这种相对比较标准化、规模化的生产，把不确定性大幅降低了，所以风险现在也是比较可控的。*

❖ *我们投资看的不是当前市场空间有多大，而是看整个品类未来*

的成长空间。通胀是人类永远没有办法规避的一个问题，消费品还有一个非常好的属性——它是受益于通胀的。

❖ *正是基于投资"第一性原理"，基于对投资本质的认知，不断地锻炼自己的能力，从不一样的视角发掘价值，才让我们能够持续不断地找到真正的长期牛股。*

❖ *与其把精力放在完全没有办法进行的择时上，不如把精力放在对产业链的跟踪，对优秀公司的深入研究上，这样才会更有把握，确定性更强。*

❖ *2021 年，大家都要多一点耐心，降低一点自己的预期，要把目标放在长期跑赢通胀或者跑赢大盘上。*

价值投资，穿越牛熊

张　琳：你的投资风格是怎么样的？

罗世锋：我是相对偏长期的价值投资的风格。

张　琳：像巴菲特一样的风格？

罗世锋：有点类似。其实对于我们职业做投资的人来说，不管是做二级市场的，还是做一级市场的，巴菲特都是我们要学习的榜样，他的方法和体系确实非常有效。现在有太多的人说自己是巴菲特的门徒、巴菲特的学生，我不敢这样说，但我还是遵从他提出的比较依靠基本面和价值分析的方法，从长期视角分析一个产业，找到一家优秀的公司，然后长期密切地跟踪。

张　琳：在 2015—2019 年，无论年景好坏，无论市场发生什么变化，你管理的诺德周期都年年跑赢沪深 300 指数的涨幅，诺德价值除了 2019 年，也都是跑赢的，所以价值投资是可以穿越牛熊的，对吗？

罗世锋：价值投资是相对比较好的方法和体系，不管是在 A 股市场还是美股市场，这套体系都被证明是比较有效的。穿越牛熊实际上是比较难的，并不是一帆风顺的，我们要在这个过程中不断完善自己的框架和体系，不断成长，其实就是找到正确的方法，然后付出努力实践它，尽量做到“知行合一”。

张　琳：听起来云淡风轻，具体来说，你是怎么做到“知行合一”的？

罗世锋：我坚持一个相对来说比较深入研究产业链及深度跟踪公司的投资方法，所以我会在非常好的行业赛道上选择一些优秀公司，然后重仓持有。大家也能看到，我投的公司其实也不多，总共也就二三十只股票，算是比较集中持仓的，两个产品最近几年的十大重仓股的仓位一般都占了 50%～60%。这些重仓的个股，我们都已经研究得非常深入，跟踪得也很紧密，不仅仅会跟踪公司的基本面、经营状况，还会去了解整个产业链，了解它们的竞争对手，了解它们的上下游，然后再对这些公司做出价值判断、竞争优势判断、未来盈利能力判断等。其实我换手不多，交易也不多，所以学习、看书、看报告占了我很大一部分时间。此外，我会将更多的时间用于做一些产业调研以及对上市公司的调研，或者跟一些行业专家进行交流。

基本上我一周在公司的时间也就是一两天，大部分时间都在外面跑调研，跟上市公司交流，或者跑产业链、开会，这样我才能对我们重点投的这些公司有比较大的把握。

张　琳：你走过多少家上市公司？公司运营当中的哪些方面会影响你的投资决策？

罗世锋：我们的关注相对比较集中，估计有小几百家吧。这些公司一般来说可以分成两种情况，第一种是我们已经持仓的，那这个行业的基本面我们必然已经非常熟悉了，不管是它的上市招股书，还是年报，我们都已经研究了很多遍了，这时候我们就会跟踪公司的运营情况与行业发展方面的一些信息，包括竞争状况、上下游情况、需求情况、渠道情况等。这些信息可能是我们对未来整个行业的发展做判断的一个依据，其实也是对公司未来的经营战略的执行进行跟踪与验证。第二种是一些相对比较新的，我们可能不是那么熟悉的行业，对于这种行业的调研，我们完全是抱着学习的态度和验证的视角去进行的，更注重交流。通过比较充分的研究后，我会确认对公司的逻辑判断和公司反馈回来的信息是不是能得到一些印证，会分析哪些东西是我之前不曾了解的，再据此拓展我的投资能力。

张　琳：相对于其他基金经理，你的调仓频次是不是很低？

罗世锋： 我换手比较少，三年前很多重仓股现在都还一直在我的十大重仓股里面。我看一些行业和公司的时候，至少是基于5～10年，甚至更长的时间维度。我们研究的行业和个股通常都是比较稳定的，不管是竞争格局，还是市场未来发展的趋势或者需求，又或者是龙头公司的竞争力，都是一个有序的、可控的、长期确定性非常强的情况，可能10年、20年后，这家公司依然是竞争力非常强的公司。比如大消费领域里的公司，它的变化没有那么大，可预测性比较强。

对投研来说，这样做有一个很大的好处，就是我们现在付出的努力，我们的积累和经验，在未来还是有帮助的。未来如果我们想要再去跟踪这个行业，那时就可以少花点力气。所以大体上来说，沿着这样的思路，我们重仓的一些个股，我们选择的优质赛道里面的这些非常优秀的企业，在5年、10年之后大概率还是非常优秀的，还是能够持续给我们带来很好的回报的。除非发生一些意外情况，不然我们可能不太会做很多换仓。

白酒股的投资属性

张　琳：你刚才说到最看好的赛道就是大消费，我发现在2018年的时候，你的基金持仓里，消费占比还不是特别大，但到了2019年和2020年，消费所占的比例已经是大头了。从市场整体来看，大消费的估值是不是已经太贵了？还能看5～10年吗？

罗世锋：对于一个行业的看法，是分长期和短期的。从投资的角度来说，因为是从不一样的视角来看的，所以对于它的价值挖掘的感受可能不一样。我们的目标是整个大消费领域，从宏观角度来说，中国人均 GDP 在 2020 年刚刚跨过 1 万美元的大关，消费正在升级，我们愿意用更好的产品和服务满足老百姓对美好生活的追求，所以不管衣食住行还是其他方面，消费行业都迎来了层出不穷的机会。

当然，可能一些所谓高估值的情况确实存在，我们完全同意并且也意识到了，但从投资的角度来看，我们更需要去分析出现这种情况的原因。现在确实有一些鱼龙混杂的情况，如果这些行业确实能够提供非常确定的成长性，而当下又正处在消费升级的关键点上，那么它们现在相对高一点的估值是可以用未来的确定的成长消化掉的，这就是合理的。但是如果有些股票表面上涨幅比较大，但基本面和竞争力未必那么强劲，可能等到市场不好，估值切换或者一些风险出现的时候，就可能出现比较大幅度的回调。

实际上我们投资的时候会不断地找一些性价比更高的、未来确定性更强的公司。我们聚焦在消费领域里，但并不代表我们一定要投最高估值的门类。

张　琳：消费型基金的基金经理都逃不过的一个问题就是对于白酒股的看法。

罗世锋：我早有思想准备了。说实话，我们看的行业比较多，对于不同行业的属性、特点，我们都有所了解，对行业未来的发展，能给投资者带来的回报，各行业的竞争力到底在哪里等方面，我们都会有一些比较。现在大家担心白酒其实也是担心它未来的成长性，目前茅台或者高端白酒的估值已经处于比较高的位置，40倍左右的估值确实不低。但从行业属性来看，很少有行业像白酒这么优秀，它的投资属性能够让消费者产生品牌依赖，产生对于其背后文化的认知，以及对于其所代表的中华文化和传统的认可。

张　琳：咱们来详细地讲一讲白酒的投资属性和估值逻辑吧。

罗世锋：讲到白酒的属性，一定要讲人的需求，就是酒的品类对于人的需求的满足。人的需求其实分很多层次，我们知道马斯洛的需求理论中包括生理需求、安全需求、社交需求、尊重需求、自我实现的需求，不同的需求层面会有不一样的特点，而酒刚好满足了各个层次的需求。

比如最底层的生理需求——味觉，酒能够让人产生一种口感的依赖，喜欢喝酱香酒的不一定能接受得了其他的酒。酒还会让人的大脑在短时间内处于兴奋状态，给人带来快乐的感觉。酿酒在人类社会已有几千年历史，而且跟宗教、文化相关，它可以让人超越自我，直接达到马斯洛需求理论的最高层次——自我实现。还有就是大家熟知的社交属性，兄弟们在一起，酒是必不可少的。大家逢年过节都会拿酒去看望老师、看望亲朋好友，这就是对尊重的需求，也是品牌带来的认知和价值。

除了白酒文化，酒的酿造工艺决定了酒存放的时间越久，价值就越大，普通消费品在这一点上绝对无法和白酒相提并论。对于一般商品，我们通常会担心库存积压，担心运营效率不高，因为一旦出现这种情况，就有可能要折价处理。但酒就不存在这样的情况，所以它有比较强的投资属性。再从品牌角度看，很少有品类能让消费者产生像对白酒一样这么高的品牌忠诚度，能让大家愿意为某个品牌支付溢价。

还有一点就是，白酒龙头企业的产品的零售价格和出厂价格之间的差额其实完全不在白酒企业的利润总量内，如果算上这一块，即便现在 40 倍的估值，相对它未来的成长性和确定性来说，可能也低了。可口可乐现在还有 20～30 倍的估值，要知道它已有很多年没有成长了。

总之，从品牌的溢价能力、品牌的价值，它的存货性、金融性、稀缺性来说，白酒是我们永远不能忽视的一个行业，它未来 5 年的增长是十分确定的。不要因为短期涨得稍微多了一点，或者估值稍微高了一点，就怀疑它的价值，白酒龙头股实际上还有很大的安全空间，时间会消化现有的高估值，这样一看也就不贵了。

张　琳：白酒难道真的没有天花板吗？

罗世锋：有的，白酒的产能有一定的资源属性，只有在特定的地方，用那些水，处在那样的环境下，才能够酿造出口感和品质相对比较好的酒，所以白酒的产能实际上是发展的瓶颈。

舌尖上的投资

张　琳：除了白酒，大消费板块中哪些细分领域是你重点关注的？

罗世锋：大消费的范围其实非常宽泛。餐饮的整个产业链，我们都非常看好。

张　琳：在疫情的冲击之下，整个餐饮业受到的影响非常大，而且疫情还在反复，这时候餐饮业真的有机会吗？

罗世锋：我们分析一个行业的投资机会时，可能会有比较短期的视角，但长期的视角更重要。短期确实像你所说的一样，因为疫情，特别是 2020 年上半年，餐饮业受到了非常大的冲击，但从 2020 年下半年起，餐饮企业逐步恢复，目前比较好的一些龙头企业，实际上已经恢复到正常水平了，甚至还有一些增长。短期当然会有冲击，但这样的冲击反而会给我们提供一个很好的投资的时点，让我们可以看未来 5 年、10 年投资的长期趋势和机会。

为什么我们会对餐饮感兴趣？我经常出去调研，经常在外边吃饭，在每个城市调研完，我可能就在附近找一家购物中心，或者找一个餐馆，随便吃一点。在跑了很多城市的购物中心后，我发现其中的餐厅都差不多，比如西贝、海底捞、外婆家等。于是我就对这些企业做了梳理研究，发现餐饮企业已经开始连锁化了，而且这种连锁化已经具备了非常好的基础，到了爆发的阶段。

10 年前，我关注餐饮企业的时候，整个中国的餐饮连锁化率只有 10%，这是非常低的。那个时候，我们叫得出来的连锁餐饮企业，除了麦当劳、肯德基、必胜客这种海外的快餐品牌以外，国内的很少。但最近 5 年，我们看到很多连锁企业发展起来了，这可能有几方面的原因。一是中国的城市化带来了越来越多的购物中心。这些购物中心需要连锁品牌的入驻，同时也为连锁品牌提供了很好的空间和发展机会。二是消费升级。我们的人均GDP 已经跨过 1 万美元的门槛，很快就能达到中等收入国家的水平，老百姓口袋里可支配的收入多了，他们也愿意到一些购物中心、一些体验相对比较好的场所就餐。三是整个产业链的成熟。比如上游食材供应、冷链运输等的发展成熟，为餐饮企业连锁化打下了非常好的基础；还有由于劳动力成本的提高，餐饮企业需要更加精细化、标准化的管理以节约成本，于是中央厨房模式出现了。

整个餐饮产业具备了这样的基础后，就一定会爆发，而且未来前景非常大。现在美国、日本、欧洲的餐饮连锁化率都在 50% 乃至 60% 左右。随着经济的发展、收入的提升，人们对生活品质的要求越来越高。我们需要把在家里就餐的时间解放出来，更好地享受外出就餐带来的体验。这是未来一二十年的大趋势，这种大趋势带来的就是长期确定性的机会。

张　琳：那为什么以往大家会觉得餐饮企业带有很大的风险和不确定性？对于餐饮企业的上市，市场为什么会有很多疑虑？

罗世锋：整个餐饮行业的商业模式已经发生了很大的变化。中国餐饮业之前是一个非常强调色香味俱全的产业，大厨的重要程度非常高，大厨自身的能力水平很大程度上影响着菜的口感和色香味的状况，所以很难进行连锁化。但现在中央厨房的所有前期工作都是标准化的，配菜都是做好的，只需要简单加工就行，大厨的作用被大大削弱了，环节也简化了，效率就提升了。火锅这个品类就是一个很好的例子。我非常能够理解你说的餐饮企业的风险点、未来的不确定性，但现在这种相对比较标准化、规模化的生产，把不确定性大幅降低了，所以风险现在也是比较可控的。

张　琳：在大消费板块当中，餐饮业目前是价值洼地，我是不是可以这样理解？

罗世锋：餐饮业的连锁化还处在刚起步的阶段。大家的关注度、研究的深度，还有整个行业的发展程度，还在相对比较早期的阶段，目前标的还不太多，但以后可能陆续会有更多标的上市，大家可以期待一下。

张　琳：和餐饮相关的标的还有哪些是你关注的？

罗世锋：除了餐饮之外，我们还看好调味品。调味品其实也是和我们最基础的一部分生理需求密切相关的——它可以让味觉产生非常强的依赖性和黏性。比如小时候大部分人都喜欢吃糖，长大之后，看到糖果或者吃到这样的味道就会觉得很幸福，相关的记忆就会浮现，让人产生很强的依赖感，所以巴菲特以前就投过一个很好的公司——喜事糖果。再比如大家都说喜欢妈妈的味道，妈妈的味道实际上就是你小时候或者你以前常用的这些调味品的味道，你对它们产生了很强的依赖感。

所以，我认为调味品是一个很好的赛道，一样可以产生大市值的公司。有的人不能理解港股刚上市的农夫山泉怎么会有几千亿的市值。但实际上我们从底层价值的角度来看，它的这种成长性和未来的确定性，使它拥有这样的市值是有道理的。还有的人不太理解，酱油为什么能这么贵，能有几千亿的市值，但其实它背后也是有很深刻的原因跟道理的。

张　琳：有人测算过，某酱油龙头即使将其所有主要产品都做到全行业第一，利润最多也就是翻一倍，但现在它却有100多倍的PE，这怎么能说通呢？

罗世锋：我们投资看的不是当前市场空间有多大，而是看整个品类未来的成长空间。通胀是人类永远没有办法规避的一个问题，所以我们一定要在基金、地产或者其他领域投资，不然很难跑过通胀。消费品还有一个非常好的属性——它是受益于通胀的，这就是为什么我们对大消费这么青睐，这么喜欢。回过头来看，不管是过去30年的中国市场，还是过去几十年、上百年的美国市场，消费领域确实出了太多确定性非常强的长期牛股。

我们之所以不能用当前的静态眼光看估值或者市值，是因为消费品是一个可以再提价的品类。随着通胀的持续，钱可能不值钱，但是消费品可以保值再提价：投资提价能力强的白酒，收益会超过通胀很多；投资提价能力没有那么强的，至少也可以跑赢通胀。

龙头企业具有非常大的市场份额，如果拥有非常强的品牌知名度、比较强的线下渠道这些领先优势，在未来20～30年，它可能依然是一个比较大的龙头企业，那时整个市场的容量已经不知道大到哪儿去了，所以我们需要动态地看估值。

最近两年，不管美国的科技股还是A股的消费股，估值提升都和疫情下流动性泛滥有很大关系。通胀会是必然结果，而最终涨得多的就是最优质的资产。

投资“第一性原理”

张　琳：为什么你的重仓股里还有一家农业公司呢？

罗世锋：其实我们并不是因为它是农业公司才去买它，而是把它作为餐饮产业链大的赛道上的投资标的才最终选择了它。

它是一家餐饮产业链的上游公司。餐饮连锁化的提升，意味着集中度的提升，食材也必须要更集中，这就需要有一个能够提供更健康的、品质更可控的食材供应商。我们沿着这个逻辑，就发现了这家公司。通过调研，我们听到产业链里上下游的很多个人、企业、养殖户，乃至它的竞争对手，基本上都说这家公司非常优秀，管理很好，不同业务之间的协同性也非常强。而且在应对周期性的时候，它的能力、规模效应、技术上的优势，使它能够避免因为原材料价格上涨导致的盈利受损。因此，每次周期性调整，反而都成为它提升自己市场份额的机会，还不会影响公司的盈利能力。

张　琳：这家公司其实算是饲料里的龙头企业之一，但你看重的却是它作为食材供应商这一角色的价值，那么一般投资者应该怎么挖掘一个投资标的的真正价值点呢？

罗世锋：我们的投资行为并不是东找一下、西找一下找出来的，而是基于一些最本质的东西进行演绎、推导的结果。现在大家常说“第一性原理”，高瓴资本的张磊、特斯拉的老板马斯克也一直在提“第一性原理”，那么问题来了，影响投资这件事最本质、最核心的内在因素是什么？当我们依照这个因素再来看股票的价值，就会看到和它原本展现给大家的不太一样的价值认知。比如有一家公司，2018年它刚上市不久后，我们就发掘了它，然后一直持续买入。我们的判断就是基于最本质的“护城河”、壁垒、竞争优势这些因素。它当时只有60多亿的市值，现在已经有600亿的市值了，两三年时间，它成了一只十倍股。回过头来看，我们发现正是基于投资“第一性原理”，基于对投资本质的认知，不断地锻炼自己的能力，从不一样的视角发掘价值，才让我们能够持续不断地找到真正的长期牛股。

张　琳：基金经理不会误判吗？你们是完全独立地做决策，还是可能会趋同于大多数人的判断和想法？

罗世锋：肯定会有误判的。首先，每个人进行行业或产业趋势判断，都有可能会失误；其次，大众趋同性会带来羊群效应，在机构投资者里面可能一样会出现这样的状况，所以会出现大量资金涌进某一个板块的情况。

与此同时，我们可能还会从比较新的领域里，找到一些估值相对低一点、合理一点的公司做替换，当然，也要从我们原本的投资逻辑、投资框架中去找最优秀的公司，它的景气度和未来的确定性一定要强。

张　琳：随着市场波动的加大，你们会怎样防范和应对风险？又是如何控制回撤的呢？

罗世锋：我们在做回撤控制的时候，会特别注意不同板块的分散度。就我个人而言，虽然我管理的是比较偏大消费的基金，但是在这个组合里面，可能哪个板块占比都不是特别大，餐饮产业链有十几个点，医药有十几个点，家电也有几个点，还有一些其他的。除了大消费之外，我还有科技、先进制造、光伏，也有一些新能源汽车。整体来说，我的组合相对比较分散，所以可能对于市场风格的变化、机会的轮动有一定的抗风险能力，当然，很难做到具备绝对的抗风险能力。

其实回撤问题对于基金管理来说是很大的挑战，或者可以说是一个相对无解的问题。假如说要做相对准确的回撤控制，我们就一定要做仓位控制，而做仓位控制就一定要做择时，但择时的难度非常大，我是做不好的。所以我们控制回撤的方法是，尽量将组合中的行业做得相对更分散，尽量将我们研究跟踪的个股的把握度做得更高。与其把精力放在完全没有办法进行的择时上，不如把精力放在对产业链的跟踪，对优秀公司的深入研究上，这样才会更有把握，确定性更强。

不要过于关注股市

张　琳：最近易方达 2300 亿规模的新基金一发而空，市场的火爆程度超乎想象，在这种情况下，基民们该怎么做投资选择？

罗世锋：这是我特别想跟大家交流的一个话题。首先，投资是一个相对专业的事情，看起来很简单，大家都可以炒股，但从对行业的了解、调研、深入研究的角度来说，想要取得长期确定性的收益是一件比较难的事情。自己炒股真的是风险很大，专业的事情就让专业的人来做吧，建议大家投资基金。其次，我们发现很多基民的基金持有期很短，可能有不少人把基金当股票炒了，每天的净值涨跌，他们都会密切关注。我们建议持有人从长期角度出发，选择一只基金，最好放弃“择时”，做长期投资。因为短期交易不令费用很高，还会让你错过很多机会。所以最好是做一些定投，平时不要太关注，只要选好了你觉得比较优秀的基金，就不要再关注了。

张　琳：怎么判断基金是否优秀，是否值得投资呢？

罗世锋： 选基金和选股票一样，都要看基本面，一个基金产品管得好不好，最主要的是看管理人。首先，要了解基金经理是什么样的人，可以看他的历史业绩，如果有足够长的历史业绩或许能证明他的能力和水平。其次，要看他的风格是不是一直在变化，假如说换手率特别高，喜欢追热点，这种投资最终获胜的概率实际上是很低的。再次，还要看他是不是能坚持持仓，能否不受市场左右，能不能做到“知行合一”。

张　琳：基金经理的管理规模是不是也是我们需要考虑的？

罗世锋： 总的来说，一定是基金规模越大，管理难度越大，这一点毫无疑问。相对来说，规模小一点的基金，比如十几亿，三五十亿的，管理起来不会有太大的问题；如果是三五百亿，甚至更大规模的巨无霸基金，那么它的管理难度的大小和基金经理的投资风格就有很大关系。如果基金经理的换手率相对比较高，对市场热点追逐比较多，可能一些短期的市场冲击就会造成比较大的影响，基金产品会有比较大的风险。所以基民们要看这个基金经理之前是不是有管理大产品的经验，能不能适应基金规模快速扩大的挑战，另外还要看他的相对换手率是不是比较高。

张　琳：2021 年你会给大家什么样的投资建议？

罗世锋：2021 年，大家都要多一点耐心，降低一点自己的预期，要把目标放在长期跑赢通胀或者跑赢大盘上，不要预期还会有像 2020 年一样的那种收益。2021 年的市场可能会比较多变，市场风格可能会发生变化，也可能会有一些流动性或者其他外部事件导致的大盘波动，所以还是建议大家坚持长期投资思路，下跌的时候不要恐慌，最好不要过于关注股市，关注太多的话，可能会做出一些回头看时发现是错误的判断。

主持人手记

1979 年出生的罗世锋，在一群以 80 后为主的基金经理中，明显显得更加沉稳和老道一些，而“实业 + 金融”的复合背景，也让他拥有了不一样的多元投资视角。如果让我选择一个基金经理帮我理财的话，他也许会是我的第一选择。他经历过市场的一些周期性变化，换手率非常低，一年到头在外调研，花大量的时间看书、看研报，有独特的价值选股法，在自己的核心能力圈内长期深耕，超额收益明显……这些都是我选择的理由，也是我不具备的投资能力和态度，更是价值投资应该秉持的行为理念，也许他就是那个可以发现真正长期牛股的人。更可贵的是，他是一位将投资视为终生事业的基金经理，力求为投资者创造长期可持续的收益，我们不妨拭目以待。

PART

8 掘金十年“黄金赛道”

张　琳 vs 华商基金权益投资副总监、基金经理　梁　皓

梁 皓

华商基金权益投资副总监、基金经理

南开大学理学博士，有近 10 年的证券从业经历。2012 年加入华商基金后，从行业研究员起步，并于 2017 年正式任职基金经理，现任华商基金权益投资副总监，华商万众创新混合、华商创新成长混合、华商鑫安灵活混合等基金的基金经理。

目前管理规模达 71.21 亿元。所管理的三只产品——华商鑫安灵活混合、华商万众创新混合、华商创新成长混合发起式基金在 2020 年的收益分别为 116.98%、116.67%、101.40%，分别位列同类基金第七、八、九名。华商万众创新混合基金近两年以 265.76%、187.97% 的收益均高居同类第五名。值得注意的是，近三年同期上证指数仅上涨 5.02%。该基金同时也获得了银河证券、海通证券、招商证券与济安金信等多家专业机构的“五星”权威认证！

梁皓的投资理念是先自上而下专注发掘时代背景的好行业和好赛道，再从好的赛道里面自下而上甄选成长性好的优质公司长期持有，分享企业成长带来的收益，力争为持有人贡献值得期许的长期回报。

❖ *任何一个投资决策都有两个底层逻辑：收益和风险。*

❖ *任何一个好的股票或者好的投资决策，一定要有宏观叙事的背景，以保证拥有长远的空间。此外，还要找到短期或者当期市场关注的主要矛盾点，这样才会对行业发展的中短期脉络看得更清楚。*

❖ *全市场基金持仓前两百名的股票的平均估值，在过去两年有100%以上的涨幅，虽然我不认为这些股票后面的行情都结束了，但是波动一定会加大，这是常识性判断。*

❖ *在流动性不错的情况下，市场整体盈利是往上走的，所以整个市场顺周期方面的机会可能会持续存在。*

❖ *对于周期股来说，我们只看两个因素，一个是价格，一个是产量。*

❖ *它们现在有可能处于一个季度或者半年这样一个景气波动的周期，但是拉长时间来看，如果它们在GDP中的占比能持续抬升，就一定能跑赢市场，会有持续的超额收益，这样的行业就可以称为“黄金赛道”。现在看来，除了白酒、新能源，医药肯定算一个。*

❖ *成长是最好的“护城河”，尽管现在很多成长类股票估值很贵，但最后带来收益最多的还是成长性最好的公司。*

❖ *所有投资者都要明白，你要赚什么钱，这是你在做任何投资决策之前都需要考虑的问题。*

❖ *一个好行业、一个好的投资机会一定是虚实共振的。*

❖ *我很少见到有人能够择时成功，因为择时带给你的收益与长周期带来的收益往往各占 50%，但择时导致的仓位加减对收益的贡献率是负的。*

❖ *投资的过程其实是你不断与自己的恐惧、贪婪等一些负面情绪博弈的过程，心态越平和的话，获胜的概率可能就越大。*

收益和风险的均衡

张　琳：作为基金经理，你会给自己打什么样的标签？

梁　皓：我不是一个高风险偏好型的选手，风格比较均衡是我的一个比较重要的特点。公募基金发展到今天，越来越趋向于工具型的角色，整体是比较偏指数性的配置。我的组合一直比较均衡，我们追求的是风险和收益的性价比均衡，所以在任何一个时点，我都不会选择放大自己的风险，更多的是在一些大的行业和方向上做很好的布局，采用自上而下选股获得超额收益的方式来进行投资。

张　琳：你是一个理学博士，我很好奇这样的专业，还有你自

己的个性等方面，会给你的投资决策带来什么样的影响？

梁　皓：我是学理工科的，逻辑比较缜密，对于数据也比较敏感，我认为任何一个投资决策都有两个底层逻辑：收益和风险。偏理工科的人，可能更看重风险和收益的均衡；学经济或者偏文科的人，有可能天生比较浪漫，同时对大的逻辑或者宏观更感兴趣，并不是很关心短期的性价比，这有可能是我们不一样的地方。我其实很注重股票上涨和下跌的风险有多少，在这个位置有没有更好的决策，或者整个行业会不会有更新的变化等。

张　琳：也就是说，你在做一个决策的时候，一定要有一个明确的逻辑，很少受情绪驱动，是吗？

梁　皓：任何一个好的股票或者好的投资决策，一定要有宏观叙事的背景，以保证拥有长远的空间，所以大家都会非常关注大的产业趋势，去找到未来 5 年、10 年的长期逻辑。此外，还要找到短期或者当期市场关注的主要矛盾点，这样才会对行业发展的中短期脉络看得更清楚。再好的行业，比如白酒、新能源车，或者光伏，在产业发展趋势当中也会有很强的波动，有的一波动就是一个季度，甚至是半年、一年的时间周期。这时候，我们公募基金会利用庞大的研究团队和很强的资源优势，对短期趋势做深入研究和密切关注，在好的赛道上做出一个更好的布局。

张　琳：你目前管理得比较成熟的三只基金的换手率有多少？

梁　皓：2020 年有一只基金的换手率有百分之六七百。主要是因为那只基金的规模不是很大，申购赎回特别多，有一定影响。而去年的市场又是难得一见的特别有意思的市场，每个季度表现出来的东西都是逻辑特别分明的。年初疫情期间整个市场节奏明显被打乱，此外，上半年和下半年的宏观逻辑因素也完全不同。因此，2020 年每个季度都有一个板块涨得特别好，这就使得像我们这样全行业配置的基金，一整年内在行业选择上都有比较大的余地，这也使得我们的换手率比较高。

张　琳：这么高的换手率，风险不大吗？

梁　皓：回顾 2020 年的市场表现，一季度的时候，我们是比较均衡的配置策略，但疫情的出现，导致当时很多主流板块，比如白酒、餐饮、航空、旅游等，需求出现断崖式下滑，我们就对这些方面做了一定的减持，增配了必选消费。在国内和海外疫情得到控制后，必选消费和顺周期的公司表现得更好。所以从去年下半年开始，我的仓位主要配置在白酒、新能源、医药上，同时增加了一些顺周期方面的配置，到现在为止，就没有什么改变了。2021 年很难再出现像新冠疫情这样特别大的宏观变量，我们的组合会更加稳定。如果有的话，我们才会对组合进行重新审视，判断未来哪些行业在半年或者一年的维度会有更好的表现。

顺周期的投资机会

张　琳：你对 2021 年开年以来的市场行情有什么判断？

梁　皓：2020 年年底时，我对市场有两个重要判断，到今天依然非常适用。

第一，整体市场指数看起来涨幅不大，但是公募基金在 2019 年和 2020 年都获得了特别大的超额收益，所以可以预判的是，市场一定会有很大的波动。从基金重仓股的 PE 情况来看，全市场基金持仓前两百名的股票的平均估值，在过去两年有 100% 以上的涨幅，虽然我不认为这些股票后面的行情都结束了，但是波动一定会加大，这是常识性判断，我相信这个判断不会有大的错误。

第二，由于疫情的影响，2020 年基数比较低，所以 2021 年，尤其是上半年，经济会处于复苏过程，而如果全球流动性没有往回收，经济又在上行，结构性的机会就一定会有。

张　琳：大的投资逻辑主线应该围绕“通胀”来进行吗？

梁　皓：如果一定要用一个词来判断，那就是通胀。2021 年年初，我们看到顺周期的化工、有色表现都很好，接下来顺周期或者偏价格的股票，都有强基本面驱动向上，市场潜力很大。

2021 年上半年整个经济的基本面正处于向上复苏的过程当中，市场的盈利中枢有可能会在二季度见到高点。现在来看，货币政策还保持着比较克制的态度，海外，特别是美国也没有流动性回收的意思。在流动性不错的情况下，市场整体盈利是往上走的，所以整个市场顺周期方面的机会可能会持续存在。2020 年 7 月份以来，我就对整个组合做了一定调整，增配了顺周期的方向。

张　琳：有网友想请你具体谈谈有色金属板块的趋势，比如锡、

铜、铝等。

梁　皓：与锡有关的上市公司太少了，好像国内只有两家上市公司有锡的业务，我没有怎么看过。有铜的业务的上市公司还挺多的，表现也挺不错。如果看价格的话，铜的期货价格在过去半年有一个很大的涨幅，依照经验判断，在流动性没有很大收缩，经济向上的趋势没有改变的情况下，铜价不会有大幅下跌的风险。投资者在挑选的时候，可以看看哪些有铜的业务的公司的成本更低，盈利更有保障，未来几年产量增长更大，更能享受这一轮行业发展的红利。

对于周期股来说，我们只看两个因素，一个是价格，一个是产量。价格是全行业因素，产量是上市公司自己的因素。

张　琳：化工股也是顺周期中的大板块，你本身是学化学的，会不会偏爱化工赛道？

梁　皓：我其实配了化工股，所有的宏观逻辑和结论一定要在细微处着眼，化工这一块也是。我讲两个有意思的着眼点。第一，如果把偏化工的所有上市公司中盈利排名前十的公司，在整个行业里的占比算一下，你就会发现过去几年这个占比在持续提升。这说明行业的龙头公司的优势在增强，当传统行业的需求进入一个逐步平稳的状态时，龙头企业依靠规模优势、经济优势和人才技术优势，在整个行业里面的份额会持续提升，这是个利好。

第二，最近不少化工公司发布了业绩预告，它们 2020 年三季度和四季度的盈利状况非常好，仅四季度可能就占了全年一半左右的盈利份额。这反映出在这一轮经济复苏的过程中，受通胀影响，整个工业制造的利润在过去两个季度有一个非常惊人的增长。而且我们会发现这些大宗商品的价格还在持续上涨，2021 年一季度的盈利也会非常好，所以从半年维度来选择的话，化工板块有很好的投资机会。

张　琳：除了顺周期、大消费，白酒是不是大多数基金经理都看好的？

梁　皓：对。我想问大家一个问题，过去三年和未来三年，你觉得哪一年白酒的需求是最差的？大部分人可能会回答 2020 年。2020 年因为疫情的影响，大概有半年左右的时间，整个社会处在社交停滞状态，所以大家很容易得出这个结论。但是白酒主流企业的报表怎么样？我们可以看到，龙头企业的增长在 10% 左右，后面二三线企业的业绩也不差。在这样一个特殊年份，白酒企业的业绩非但没有下滑，还保持了增长，这至少可以说明两点：第一，过去大家认为白酒是一个周期性的行业，三年一个周期，但现在这种周期性变弱了；第二，白酒龙头有这么大的涨幅，说明了居民财富的不断增长，反应出居民的消费升级需求，而高端白酒的确供不应求。因此，2021 年的行业需求不会比 2020 年差，白酒行业仍在持续向好的过程中，这个趋势短期不会变。从现在的宏观逻辑和行业逻辑来推演，2021 年没有必要过度担忧白酒的行情。

张　琳：另一个热门板块，也就是新能源板块会不会受周期影响？

梁　皓：新能源分两块：光伏和新能源车。新能源车的赛道上，有人愿意买材料、电池、设备，有人愿意买上游的锂、钴，我更愿意买电池和设备，有可能会再买点上游资源。

张　琳：你的逻辑是什么？

梁　皓：如果想判断未来的情况，就要先看看过去。我们可以把材料企业过去的报表拿来看看，在一轮又一轮的周期中，很多材料企业从三年前的10亿元净利润，跌到只剩一两亿元，现在又回到了10亿元的净利润水平，可见其并没有长期投资的价值。

在这个行业里，如果未来需求持续爆发，优秀的企业会不断提高自己的市占率。企业的市占率提升后，就会慢慢拥有议价权，从而保持住自己在现阶段行业景气时的红利，即便行业向下走的时候，也不会受到太大的负面影响。电池和设备就是这样的企业，也处于这样的阶段。

“黄金赛道”上的投资机会

张　琳：你提到要“掘金十年黄金赛道”，“黄金赛道”上都有什么？

梁　皓：在整个GDP当中，占比呈持续波动向上的状况的一些行业。它们现在有可能处于一个季度或者半年这样一个景气波动的周期，但是拉长时间来看，如果它们在GDP中的占比能持续抬升，就一定能跑赢市场，会有持续的超额收益，这样的行业就可以称为“黄金赛道”。现在看来，除了白酒、新能源，医药肯定算一个。至于科技的话，我觉得每个时代的科技股是不一样的，科技行业在整个 GDP 当中的占比会上升，但每一次科技浪潮发展受益的子行业都不相同。

张　琳：医药行业具体怎么看？

梁　皓：我的持仓分为两个方向：CXO 和疫苗。CXO 是医药子行业，2021 年年初走势最好的子行业就是它，部分个股涨了 30%～40%，大部分股票也都涨了 20%～30%。这个行业的龙头的业绩预告的增长大幅度超过市场预期，我们会持续看好。疫苗行业我们同样持续看好，特别是疫情影响下，新冠疫苗的出现一定会给部分企业带来很好的发展机会。以半年维度来看，新冠疫苗是最有可能出现重大变化的一个品类，全中国现在有十多亿人，如果未来要保证至少 70% 的接种率，那么这就是一个很大的市场。

张　琳：我知道你们还会关注食品饮料行业，在这个赛道中，除了白酒之外，还有哪些关注点？

梁　皓：我们会关注乳制品，还有一些创新性的产品和子行业，比如预调酒、奶酪棒、调味品等。

张　琳：怎么定义创新性？

梁　皓：简单来说，就是之前市场上几乎没有这一类的产品，现在有了之后，在消费者不断接受的过程当中，市场也会不断变大，比如奶酪棒。预调酒也类似，2015 年之前热过一段时间，后来行业经历了洗牌，前两年才慢慢开始恢复，现在又有了很多创新和细分的产品。

创新行业的发展，依赖于对国人消费习惯的挖掘和培养。它们未来的发展空间，既需要看企业当下产品销售的情况，也需要用国际视野，看看和我们有相同饮食习惯或者相同收入水平的国家，在这方面的产品做得怎么样，有没有相应的公司，它们的发展经验能不能给我们一些借鉴。

张　琳：调味品给人的想象空间真的有那么大吗？

梁　皓：调味品行业的发展很有意思，这个行业过去10年间一直保持稳定增长，如果看报表的话，我们会发现龙头公司在过去5～10年间保持了中高速度的增长，增速可能有20%左右。调味品行业如果要划分的话，主流调味品比如酱油、醋，属于偏传统、偏稳定的产品，而预制菜、复合调味品就属于偏新颖、偏成长型的产品，这些公司和业务是最近几年才出现的，时间不是很长，但是产品出来之后连续3～5年保持了很高的增速。

偏稳定类的一些公司，依靠产品更新维持了一段时间内的需求，从而保持了中高增速。偏成长类的公司目前还处在快速成长期，行业的发展还没有出现瓶颈，需要持续观察。

张　琳：相对来说，乳制品行业的表现一般，你关注的逻辑是什么？

梁　皓：我喜欢高成长的东西，成长是最好的“护城河”，尽管现在很多成长类股票估值很贵，但最后带来收益最多的还是成长性最好的公司。如果用这个原则来看乳制品行业的话，你会发现其中的龙头公司的增速其实不尽如人意，每年只有个位数的增长。如果一家公司呈个位数增长，在估值不变的情况下，股票会有多少收益呢？大概率也是个位数。

但是我想讲一讲这个行业的最新变化。在疫情影响下，大家对健康问题越来越关注，而随着生活水平的提高，我们对乳制品的消费需求也发生了变化。过去人们都喝袋装常温奶，现在大部分人会去超市买鲜奶，在乳制品总体需求不是很高的情况下，鲜奶需求却在持续提升。同时，常温奶可以用奶粉做，可以从海外进口，但是鲜奶必须由牧场经过一定处理后直接送到消费者手上。所以 2020 年以来，甚至未来一两年，有可能出现一个现象，就是鲜奶价格持续上升，相关上市公司的投资机会也比较大，大的乳制品龙头公司的投资机会也可能会更稳健。

张　琳：在科技大赛道上你会配置什么？

梁　皓：如果一定要选的话，半导体的投资机会要稍微好一点。半导体属于工业上游，新能源车当前的高增速，使得车用电子和半导体的需求有了爆发式增长，与汽车相关的半导体，比如摄像头、自动驾驶要用到的芯片等子行业在股价上也有很好的表现。车用半导体相关的一些细分领域或者行业，未来一段时间会有很好的投资机会，因为它们的产品来自代工厂，而现在产能非常稀缺。根据国家的产业发展战略，半导体材料这一块有很大的投资机会，只不过这个周期会偏长一点，但产业的发展趋势一定是非常确定的。

估值泡沫和估值洼地

张　琳：在外资开放和内地基金规模不断增长的背景下，A 股会产生估值泡沫吗？

梁　皓：我觉得有泡沫。过去两年间，全市场基金持仓前两百名的股票，估值都有 100% 以上的涨幅，估值大幅度抬升就是泡沫的一个表现。

张　琳：高估值是不是已经透支了未来的预期？

梁　皓：它们当然透支了一部分未来预期，但估值永远处于变动的过程中，我们更要搞明白的是，在一个中期维度当中，使估值发生变化的因素有哪些。举一个可能不太恰当的例子，你觉得特斯拉贵不贵呢？特斯拉比宁德时代、比亚迪、隆基股份更贵，为什么还在涨？因为买入它的投资者看到的东西和一般人看到的不一样，他们没有用估值的眼光看，或者说不是用静态的眼光看估值。我们可以从两个维度来看估值，一是从历史估值区间来看，茅台在 2015 年是 10 倍，现在是 40 倍、50 倍；二是从全市场去看，看看市场上核心资产的估值是什么样的，市场的水位在什么地方，心里就会有点儿谱了。一旦从这两个维度看估值，你可能会有一种不一样的体验，可能会更清楚，哪些股票当前相对便宜，哪些当前相对较贵。

张　琳：高估值的情况下，很多投资者和机构都想寻找估值洼

地，最近有很多钱涌向港股，是不是也是这个逻辑？

梁　皓：很多人说因为港股便宜，所以钱都涌进去了，这个说法是站不住脚的，因为港股的核心赛道其实比 A 股贵很多，所以不存在便宜不便宜的问题。这些钱涌向港股与资金的选择方向有关，与配置需求的增加有关。国内开了港股的投资权限，新发的基金越来越多，而且它们基本上都有港股的投资权限，所以它们会往这个方向走。国内的一些机构，比如保险机构，也有配置港股的需求。但你还会发现，这些钱去了港股之后，买的仍然是那些最贵的核心资产，并没有买便宜的股票。

张　琳：但是查理·芒格的合伙人李录就投了百亿资金在港股的银行股上，这不是估值洼地吗？

梁　皓：所有投资者都要明白，你要赚什么钱，这是你在做任何投资决策之前都需要考虑的问题。为什么有人买港股？他们是冲着分红去的。A 股和港股是同股同权，A 股 10 元，港股 3 元，港股的股息收益率更高，当然要买港股。地产股的逻辑也是一样的，这个行业可能的确进入往下走的阶段了，但如果冲着分红，就可以买，因为很多地产公司的股息率很高。

所以如果是冲着长期持有分红去的，可以买；但如果是看到大家都冲过去，我也要冲过去，那就要想一想，一定要想明白自己到底想赚什么钱。

张　琳：但 A 股市场上，银行股最近也涨了不少，甚至有人说

现在的银行股就是当年的白酒股，从长期来看，现在是不是一个低点进入的机会？

梁　皓：我没有配银行股，因为我觉得会有更好的替代品出现。我可以讲讲我对于大金融板块的看法，大家可以借鉴其中的方法论。银行是PB估值体系，国内的大型银行盈利状况很好，优秀的银行每年的ROE都在15个点左右，一般的银行也有10个点左右，隐含的预期是，在银行股PB不变的情况下，ROE就是10%～15%的涨幅。如果对这个涨幅特别满意，那它会是很好的投资标的，而且拉长来看，就会平衡掉估值的波动。券商股也是PB估值体系，但很少有人谈券商股今年的PE是多少，因为券商股在牛市和熊市的不同时期盈利弹性太大。

因为银行股和券商股同样是PB估值体系，所以就要看ROE，龙头券商的ROE大概在7%左右，比银行的稍微低一点，这样看来，如果是长达10年、20年的投资周期，那么拿银行股比拿券商股好，可为什么很多人还是选择券商股？因为当市场由牛转熊的时候，券商股有一个弹性，可能有人会接过你手上的筹码，所以选择合适的位置买入券商股，等到市场改变的时候，就可以在市场博弈中获利。

保险是一个特别有意思的板块，看市场过去5～10年的涨幅，可能你想象不到，保险这个行业的长期回报其实非常高，排在所有行业里靠前的位置，主要原因是龙头保险企业过去的EV（企业价值）增长很高。保险是PEV估值体系，隐含的信息是，如果拿10年，在PEV不变的情况下，每年会有20%左右的年化收益率，这个收益率已经非常高了。

张　琳：军工你好像看得不多？

梁　皓：我之前军工看得比较少，因为我觉得一个好行业、一个好的投资机会一定是虚实共振的。投资是连接现实和未来的桥梁，如果未来有很大的发展前景的话，现实就容易给出一个很高的估值或者有很多资金流入。所以虚的东西来自很好的宏观叙事；而实的东西在于，短期行业景气度或者公司利润的增长要一定程度跟上预期，不能光说未来很好，但现在天天亏损，甚至一个订单都没有。我觉得过去几年，军工其实就是一个偏虚的行业，但现在来看，偏实的一面开始出现了。

还是那句话，所有的宏观逻辑和结论一定要在细微处着眼，这样才能得到印证。对于军工行业来说，有两个方面可以印证：一是公告，从中我们可以看到很多主机厂关联交易的金额和过去相比增长很大；二是新闻，从中我们可以看到这个行业的变化。我们再仔细去看一些公司的盈利情况，就会发现很多军工企业，比如上游的材料公司，还有一些电子器件类的公司，过去半年到一年以来，它们订单和业绩都有不错的增长，这个行业在未来几年还是有很好的投资机会的。

优选行业基金

张　琳：大家都说2021年是基金大年，关于股票型基金的销售，过去10年才有2万亿～3万亿，而2020年这一年就有3万亿。基金为什么突然爆发了？

梁　皓：打一个不是很恰当的比喻：如果有很多人追同一个姑娘，那么一定是因为她漂亮；而不是因为有很多人追她，所以她才漂亮。投资者买基金也是一样的，就是因为基金收益率高，所以买的人才多。

基金之所以收益高，一是因为中国经济进入中低速发展阶段后，很多行业，比如刚才提到的化工，过去是供给满足需求，但现在需求下降之后，机会变少了，小企业的生存机会越来越小了，盈利越来越差，龙头企业的优势越来越大。反映到股票市场上就是很多小股票的胜算很小了，很多散户可能在市场上挣不到钱了，而关注龙头股票的机构投资者的业绩则越来越好。

二是因为很多海外投资者带着大量资金涌入A股市场，基于研究成本或者试错成本的考虑，他们只会买位于头部的一两百只股票，客观上导致这些股票出现很大涨幅。

如果要分析未来基金会不会表现得比散户更好，就要看刚才提到的两个影响因素会不会发生改变。我觉得对于普通投资者来说，买基金应该是未来一年中一个很正确的投资决定。

张　琳：对于买基金，你能给大家一些实实在在的建议吗？

梁　皓：首先，我想说一说，选大基金还是小基金。如果同一个基金管理人同时管理着小基金和大基金，以常识来判断，他管小规模基金的业绩应该相对更好，因为规模小的基金没有流动性损失，而基金规模大了之后，业绩一定受限。任何人在这个问题上给出另外的回答，可能都是违反常识的。

其次，关于新基金和老基金的问题。我觉得买老基金挺好的，新基金有一个建仓期，建仓期可能在仓位上、交易上或者择时上会受到很多限制。当然，在一种极端情况下，买新基金可能比老基金更好，那就是市场下跌的时候，这时新基金还没有建仓，也就可以躲过下跌。

最后，关于怎么选基金经理的问题。其实投资是一个特别专业的事情，我们很难判断谁做得好或者不好，大家面对的是一个充满变化的市场。我们只能以史为鉴，投资者看基金经理的业绩可能比看他的包装、宣传更实在，因为业绩更难以造假，所以我们要买过去履历好的基金经理所管理的基金。

张　琳：有人总结了挑选基金经理的五个要诀，第一看投资年限，第二看平均年化业绩，第三看跳槽频率，第四看背景，第五看投资风格。你认同吗？

梁　皓：适合自己就好，但我更偏向于买行业基金。如果你有很好的专业能力，或者你对某些行业特别了解，买行业基金其实是你自己的一个认知变现，可以让你赚更多的钱，获取差额收益。如果不懂的话，我建议买宽基，这样可以避免行业选择上的风险，因为基金经理会帮你作决策。

张　琳：买基金需要择时吗？

梁　皓：我很少见到有人能够择时成功，因为择时带给你的收益与长周期带来的收益往往各占 50%，但择时导致的仓位加减对收益的贡献率是负的，权威机构或者证券管理机构都有相关的分析和报告。选择合适的基金，分步买入或者做定投都是很好的选择，至少可以保证不会吃特别大的亏。

张　琳：从长期的维度来看，你有什么样的投资建议？

梁　皓：投资的时候，如果能拥有一个更平和的心态，也许能获得一个更好的收益。投资的过程其实是你不断与自己的恐惧、贪婪等一些负面情绪博弈的过程，心态越平和的话，获胜的概率可能就越大。

主持人手记

梁皓博士，一个典型的高学历“理工男”，从对话中能够看出来，他也许天性不浪漫，投资上更加务实：他不偏好高风险，策略上更强调追求风险和收益的均衡；他不主张择时操作，更愿意在数据和事实的研究基础上，遵循自己缜密的投资逻辑。在过往10年的投资经历中，他控制回撤、保住收益的秘诀之一，就是始终关注企业或者行业的成长性，也因此被称为“成长舵手”。虽然今天的梁皓已经成为一位明星基金经理，但我仍然能感到他面对媒体的些许紧张。因为他并不急于或者乐于做个人宣传，就像他给大家买基金的建议一样，最好不要为了某个基金经理去买产品，选好行业才是最重要的。我想认认真真做研究，踏踏实实做投资，才是他真正的舒适区。

PART

9 大周期与小周期

姚振山 vs 汇丰晋信基金经理 陆 彬

陆 彬

汇丰晋信基金经理

复旦大学金融学硕士，2014 年 7 月加入汇丰晋信基金，历任助理研究员、研究员、助理研究总监，在新能源、机械、化工等领域有超过 5 年的研究经验。现任汇丰晋信低碳先锋基金、智造先锋基金、动态策略基金的基金经理，已是“百亿俱乐部”成员。

截至 2020 年 12 月 31 日，管理规模达到 137.16 亿元，2020 年摘下股基冠军桂冠。所管理的汇丰晋信低碳先锋基金在 2020 年的收益率为 134.41%，在晨星普通股票型同类基金中排第一名；截至 2020 年 12 月 31 日，汇丰晋信智造先锋 A 基金过去两年的收益率为 297.58%，在晨星普通股票型同类基金中排第一名。

陆彬的投资风格是成长 + 周期，他过往的研究经验覆盖了成长和周期两大方向，也因此成就了这位投资多面手。陆彬坚守投资应以企业为本，坚持从金融市场来，到优秀企业中去，用“基于基本面和估值的动态策略体系”去把握投资机会。他尊重市场，不固守各种投资“主义”，而是通过改变自己去适应市场的变化。

❖ *随着全球经济的复苏，以化工为代表的很多顺周期行业正在发生积极的变化，这些行业估值相对较低，也是 2021 年我们可以重点研究和投资的方向。*

❖ *即便看好新能源未来 5 年、10 年这样一个长期的发展方向，但在这 5 年、10 年里，投资新能源也不一定能获得理想的收益。*

❖ *在比较低的风险下把握更大的机会，这是我的投资想法和投资思路。*

❖ *从投资角度来看，我其实永远是基于基本面和估值来做投资判断的，我对行业的龙头公司并没有非常明显的偏好。*

❖ *我就像天平，左手边是公司的基本面，右手边是它的估值，我会综合判断，哪边性价比更高，也就是风险更低、机会更大。*

❖ *地产行业大的环境可能已经到了一个比较紧的时候，或者已经到了不能再紧的时候了，加上政策的约束，即使需求可能会下降，但它的隐含价值仍比较高，所以我们看好这个行业的估值修复。*

❖ *如果有“卡脖子”的技术或者技术含量偏高，它的价格确定性就会更高，盈利的确定性就会更高，爆发力也就会更强。*

❖ *如果能找到在 2021 年疫情之后，景气周期在上行，估值也在偏低位置的行业，那么投资机会也是比较多的。*

❖ *我不仅会调研相关上市公司，也会调研它所在产业链上的公司，还包括上下游和对手的评价，这比我们直观地了解上市公司——不管是管理团队的风貌还是整个公司的形象——要更深入一些。*

❖ *大的机会往往发生在身边，只要发现周围出现了新的爆款产品、新的商业模式和新的业态，投资机会就出现了。*

❖ *如果大家很关心短期，就会很焦虑，势必就会提高换手率，这样往往胜率不高，也会错失很多大的机会。*

❖ *我敬畏市场，也拥抱市场，我更多的是顺应市场，所以我会结合各个行业基本面的方向和变化，同时结合估值寻找投资机会。*

❖ *投资是不能后悔的，如果后悔的话，会把大量的情绪和精力放在过去。*

新能源产业链的“长鞭效应”

姚振山：咱们今天（1 月 22 日）首先讨论一下最近市场的走势。最近市场波动在加大，新能源整个产业链的波动也在加大，抱团取暖之举好像最近也被大家提示风险比较大。此外，新能源产业链有些股票在扩散，比如稀土。白酒最近几天则基本上处于调整阶段。2021 年，市场结构是不是在悄然发生变化？如果是的话，这个变化是什么？

陆　彬：作为主动基金管理人，我们对于市场结构、市场方向的判断主要基于行业基本面。其实很多行业的基本面，很多行业的政策都在发生变化，而市场总是能够有效地反映各个行业基本面的变化情况。当然，很多行业，尤其是刚才提到的那些非常热门的行业，因为过去几年表现非常好，估值相较之前处在偏高的位置，获利的机构、获利的投资者又比较多，随着行业基本面的变化，波动当然会变大。从我们的角度来看，市场始终会随着各个行业基本面的变化，包括政策、行业趋势，以及各个行业的一些公司业绩的变化而波动，所以我们需要密切把握各个环节、各个时间点、各个行业的一些变化。

姚振山：2021 年，你觉得哪些领域蕴藏的机会可能比 2020 年的白酒和新能源产业链的机会更多？

陆　彬：其实大家都很关心一些热门行业。从我的视角来看，我主要把行业分成两类，第一类就是相对来说比较好的赛道、比较好的行业，它们未来的前景非常广阔，这些行业也往往因为增长比较快，空间比较大，相较于其他行业估值偏高。在这些赛道比较好、估值比较高的行业里，以白酒为代表的消费，还有医药、科技、新能源等行业，是我们 2021 年可以重点关注的。比如新能源汽车行业，不管是从行业的成长空间——我们能看到未来 5 年它可能有 10 倍的成长空间——还是从未来几个季度或者是近期国内外的一些政策，如国内的低碳政策、碳中和，美国重新加入了《巴黎协定》，抑或是从各个产业链和各个车型的需求来看，新能源都是我们在 2021 年里看好的一个方向。第二类行业是估值相对偏低的顺周期行业。随着全球经济的复苏，以化工为代表的很多顺周期行业正在发生积极的变化，这些行业估值相对较低，也是2021年我们可以重点研究和投资的方向。

总结下来，我们主要看好两个方向，第一类偏好赛道、好行业，比如电动车，不管是空间，还是短期的景气度，抑或是未来的趋势或者国内外一些政策的确定性，都是我们比较看好它的原因。第二类是以化工为代表的顺周期行业，全球经济在后疫情时代正在缓慢复苏，我们能看到更多的价值弹性，所以在低估值的顺周期行业里也能找到不少的投资机会。

姚振山：你被称为“新能源一哥”，刚才你也将新能源讲得比较清晰和透彻了，但是关于新能源，我还有几个问题。我把你关于新能源方面的很多评论和解读搜集和整理了一下，发现了一个悖论：第一，你是第一批买特斯拉model 3的人，这是特斯拉国产化的第一批车，我还找出了你跟特斯拉车同框的照片，但是你又说你不买特斯拉的股票；第二，你重仓了新能源股票，有一次你在接受采访的时候却说，你不建议中小投资者、散户购买新能源的股票，这不是有很多矛盾的地方吗？

陆　彬：这是一个很好的问题，借此我汇报一下我的投资想法。我不建议普通投资者自己去投资——如果看好新能源行业，也不建议普通的投资者自己去投资新能源行业的股票。我觉得投资分为基本面投资和估值投资，如果看好这个行业的话，在新能源行业里面可以找到很多公司进行投资，但和其他行业相比，新能源行业有一点很不同，就是它属于爆发初期的行业，所以公司的稳定性和技术的确定性可能会比其他行业，比如消费行业，变化更大。即便看好新能源未来 5 年、10 年这样一个长期的发展方向，但在这 5 年、10 年里，投资新能源也不一定能获得理想的收益，因为新能源行业要通过技术进步，通过大幅度降低成本来实现对传统行业的替代，所以这个行业里面的公司变化很快。这个行业五六年前的龙头公司，现在有很多可能已经因为方方面面的原因发生了变化。投资这个行业、在这个行业中选股的难度，把握这个行业的技术变化的难度，相较于其他行业要更大一些。而不了解这个行业或者不是这个行业出身的投资者，相较于更了解这个行业变化的专业投资者来说，把握机会的可能性还是会小一些。所以即便看好这个行业，我也不建议普通投资者自己去投资这个行业，这是第一个矛盾点，这可能也算不上矛盾，因为看好一个行业不代表一定能够从这个行业受益。这个行业的变化很大，5～10 年间光伏企业换了一拨又一拨，如果简单地因为看好这个行业，就买了现在最好的公司、龙头公司，那么很有可能你在股票上的收获，不会那么让你满意——当然这也不是绝对的。总而言之，相较于其他行业，这个行业可能会有更大的变化，不管是技术上的变化，还是公司更迭。

至于第一批国产特斯拉，我预订了它的车，但我也没把握住投资它的股票的机会，大家都知道特斯拉在美股表现得特别好。

姚振山：这真的很可惜，要知道你买车的当口正是特斯拉股票真正的起涨点。

陆　彬：是的。大家可能都看过一个新闻，那个时候如果把买一辆 model S 的钱用来买特斯拉的股票，可能已经有了很多倍的收益，而买车的话现在只能折旧贬值，这的确是一个值得我们深思的现象。作为公募基金经理，我想跟大家说的一点是，如果投资能看“后视镜”，那么大家都很容易就能做好投资。我们可以看到过去几年特斯拉的股票表现得非常好，美股、A 股、港股其实都有特别多的牛股，但是这些表现好的牛股并不是我一定要去投资的。作为主动研究基金的经理，我觉得我投资的股票一定要是我能够把握的，是在我的能力圈范围内的，是我能够有效跟踪的，这样我的投资胜率才会更大。

回过头来看，虽然特斯拉的涨幅非常大，但是波动也非常大，所以想要享受这么大的涨幅也是非常难的，而且这么多年来能有这么大涨幅的行业也只有少数。作为基金经理，我更多的是把我的能力圈范围内的，我能够把握的风险更小、确定性更高的机会放到前面来考虑。在比较低的风险下把握更大的机会，这是我的投资想法和投资思路。把这样的投资原则运用到我的投资里，就是我并不会投资特斯拉这类波动巨大的股票。但是我会把握特斯拉产业链的变化，其供应链上的大部分企业同样在 A 股上市，我们同样能够把握不少机会，这样的确定性、性价比以及估值，相较于特斯拉可能更有优势。这是针对第二个矛盾点的回答。

姚振山：不管车卖得掉卖不掉，畅销不畅销，只要生产车，零部件总得采购，观察下来就会发现反而是零部件的确定性更强。你 2020 年第四季度的重仓股刚刚披露时，我发现别人买新能源产业链的股票大都侧重整车和电池或者零部件等环节，但是你侧重

往上游走，比如天齐锂业、赣锋锂业、华友钴业等资源股，这不是偏有色金属这一端的吗？“新能源一哥”名副其实吗？

陆　彬：这是个很好的问题。感谢这个称谓，我们要先把业绩做好，其他的则是自然而然的结果，我们只能保证会努力去做。我觉得上游的资源也是新能源产业链上很重要的一环，这是很确定的。我们之所以更倾向于上游，是因为上游的供给格局更好，因为它涉及的一些资源的投产周期更长，而中游行业的竞争格局则更为复杂，参与的企业更多。此外，一旦看到下游的需求快速提升，根据“长鞭效应”判断，下游的变动就会很快传到上游，使上游的弹性更大。在过去两三年中，产业链上游的价格跌幅比较大，出清也很快，而在比较长期的出清过程当中，供给又受到了强约束，这也使得上游的价格弹性更大。价格弹性增大以后，势必会带来业绩弹性的增大。上游龙头公司在行业低谷的时候没有停止发展，而是通过有效地增加产能和布局，相较二三线企业和竞争对手，反而是在扩大其市场份额，所以我认为这会形成“戴维斯双击”（公司的业绩和估值双增长）。这样一来，上游的弹性可能会大于中下游的弹性。非常典型的“长鞭效应”就是，每多卖一辆车，上游公司业绩的确定性和弹性就会更大。

姚振山：实际上，你是把新能源电动车整个产业链分析透了之后，知道下游的变动会传递到上游，而且可能对于上游的影响更大，所以如果买它，你的收益率在同样的时间段内反而会更高。是以这样的逻辑进行判断的吗？

陆　彬：对。

姚振山：无论是上游的天齐锂业、赣锋锂业等你重仓的股票，还是下游比如宁德时代这种有 200 倍市盈率，接近 1 万亿市值的电池企业，都让大家觉得 2021 年新能源整个板块的估值过高了，是不是因为这个判断，你最近提出 2021 年你会在二线新能源供应链上找机会呢？

陆　彬：我的观点比较明确，这个行业在 2020 年表现非常好，其实从 2019 年四季度开始，它已经连续五个季度表现很好了。相应的，产业链里最优秀的公司的涨幅和估值，已处在历史的偏高位置，这是一个客观事实。同时，随着行业景气度的不停爬坡，刚开始需求可能只会落到最优秀的企业手里，它们的订单会非常饱满，但这个行业发展到现在，需求量仍然非常大，所以二三线企业的订单也会非常多，它们的业绩也会非常漂亮。二三线企业基本面的改善幅度也很大，而相较于一线企业，它们的估值更便宜，所以它们的投资机会可能更大。从投资角度来看，我其实永远是基于基本面和估值来做投资判断的，我对行业的龙头公司并没有非常明显的偏好。我跟我的客户讲，我就像天平，左手边是公司的基本面，右手边是它的估值，我会综合判断，哪边性价比更高，也就是风险更低、机会更大。目前来看，结合行业的演进，基本面的演变节奏，我们认为二三线企业的投资机会可能会更大一些，这也是我之前跟大家沟通过的一些想法。

姚振山：是在这个行业的二三线企业里找投资机会，还是从它

的供应链景气度更高的细分行业里去找？

陆　彬：从细分行业里找。新能源汽车的产业链比较长，分为上游资源品，中游电芯、材料及下游零部件。我会先看景气度，比如看车会从传导开始，然后是零部件，其次是电芯和材料，最后是上游。从细分行业来说，我们更看好偏上游的行业，随着行业的景气度传导到上游，它的表现可能会更好。中游二三线的企业则要结合估值和业绩情况来判断。

在“相对景气的前夜”落子

姚振山：你买的股票有一个特点，就是在这个行业的估值比较低的时候，你就已经开始关注了。你有一个投资逻辑——去寻找被低估的行业中的企业，你觉得 2021 年，哪些行业是被低估的，而且有可能走出来？

陆　彬：我认为相对估值低可能更安全，或者说弹性更大。这种方法在现在的市场非常有效。一般来说，偏左侧一点的行业中，好公司的估值相较于非常景气的行业的估值会便宜很多，如果能判断这个行业的景气周期就更好了。从这个角度入手，我们在 2019 年四季度判断未来新能源汽车的景气度可能会上行，于是在那个时候选择买入，当时它整个产业链的估值都比现在便宜很多。总之，我做投资时对估值看得比较多一些，同时也会结合行业基本面进行判断。投资风格上，我偏逆向一点，但我也同样看重估值，所以我可能会更早一点买，因为只有在行业相对景气的前夜，它的估值才有可能偏低一点，这是客观现象。

站在目前的时点，我今年主要看好四个方向。第一是顺周期，疫情在过去一年里对很多偏宏观经济的行业造成了很大的影响。但是我们现在也可以看到，随着疫情的常态化，很多企业通过自己的能力慢慢地走出来了，其实那些受到疫情影响的顺周期行业，比如以化工为代表的行业，它们的估值是偏低的，很多细分行业里的个股，可能估值只有十几倍，有的甚至还不到 10 倍。相较于其他成长行业，这些行业的估值很便宜，而且有很大的基本面弹性，所以我们可以在经济适当恢复后，在模型里适当地做修复。随着疫苗的推出，随着各个国家对疫情的有效控制，我们相信曙光终会来临。同样是受到疫情的影响，一些小公司应对风险的能力明显更弱，它们可能会慢慢退出，而一些大公司、上市公司，因为有更强大的融资途径、管理团队，往往能够在逆境的时候扩大市场份额，增加收益与需求。所以，低估值的顺周期行业可能是 2021 年中既便宜又向好的一个行业，这是我看好的第一个方向。

姚振山：你能给我们选几个化工的子行业吗？方便我们自己去研究。

陆　彬：第一是农化行业，尤其是农药，这是很好的方向。关注这个行业的朋友应该能感受到这个行业的变化。这个行业在环保、安全等方面所设的壁垒越来越高，而下游农产品的需求又在增加，大家可能也看到了，很多农产品的价格在发生变化，我觉得大家可以去研究一下。第二是纺织化工品，这个大逻辑我们也看到了。因为疫情，大家都待在家里，都不出门，大家都是线上社交，所以对衣服、纺织品的需求不大，不光海外的纺织品库存很低，国内的供给也在收缩，大家也可以去研究一下。

姚振山：这是顺周期的化工，你第二个看好的行业是什么？

陆　彬：大金融。金融离我们的生活很近，其实银行、保险、地产等细分行业各有各的逻辑。金融是经济的一个综合表现，它是各行各业都会接触到的行业。随着经济的复苏，我们可能会看到回归到非疫情状态下的货币政策，利率可能也会调整为中性偏紧一些，这样的宏观环境、货币环境，其实对于银行和保险是有利的，所以这也是一个投资方向。

另外，过去几年地产行业的估值都是非常低的，但各个城市的地产销售情况都比较不错，隐含价值还是蛮高的，这个行业也存在着一些估值修复的机会。

姚振山：既然在大金融里你提到了地产行业，是不是应该谈谈地产产业链？地产少不了水泥、建材，也少不了装修、装饰涂料。

陆　彬：我们说看好大金融行业，其实看的是估值的修复或者估值的提升，并不是看好地产的需求。大家都知道我们每年的地产销量都有十几亿平方米，有些年份可能接近20亿平方米，但大的周期里地产可能还是在往下走，这是一个客观现实。但因为需求的基数都很高，我国的人口结构也在发生变化，所以我们站在估值修复或提升的角度仍然看好大金融和地产行业。我们发现很多有代表性的地产公司把现有的资产，包括土地、房屋等处置完以后，回流的现金资产的价值可能比较高，这说明企业的隐含价值还是比较高的。这个行业大的环境可能已经到了一个比较紧的时候，或者已经到了不能再紧的时候了，加上政策的约束，即使需求可能会下降，但它的隐含价值仍比较高，所以我们看好这个行业的估值修复。

姚振山：不是因为地产销售形势好了，而是可以挣房地产周期估值修复的钱，这就给大家解释明白了。我们做了这么多期节目，明确地把金融，特别是地产作为关注类型的，你是第一个，这是相对冷门的行业，或者说是目前被低估的行业。除此之外，还有哪两个行业？

陆　彬：除了以化工为代表的顺周期和大金融这两个行业，还有一类看好行业估值偏高，但是我们认为它们的基本面上升的趋势在加强，景气度也越来越高，主要有两个方向，第一个是以新能源汽车为代表的新能源行业，第二个就是国防军工行业。

姚振山：新能源已经解读得很细致了，看好军工的逻辑是什么？

陆　彬：我之前在做行业研究的时候，密切跟踪了军工行业两三年。今年军工行业变化比较大，其实从 2020 年下半年开始，军工行业在终端需求上就有了巨大的提升，这是军工行业一个最大的变化，也是我们看好军工这个行业的逻辑。以往军工行业的需求会有周期性，但是因为众所周知的一些原因，从去年下半年开始，军工行业的需求的爆发力比较强，这是一个大的背景。我相信大家看了年报和新闻，都会有这个共识。

我做法上不太一样的地方在于，我可能会挑军工行业里确定性更高的，或者有“卡脖子”技术的材料公司进行投资。相较于其他同类的军工企业，这些行业和公司的确定性更高，在下游快速放量的过程当中，规模会越来越大，可能会有一些价格的谈判。如果有“卡脖子”的技术或者技术含量偏高，它的价格确定性就会更高，盈利的确定性就会更高，爆发力也就会更强。这些细分行业可能就是我们要密切关注的投资方向，包括新材料和核心的关键部件。

姚振山：在材料、零部件上哪些地方存在“卡脖子”的技术?

陆　彬：以飞机发动机为例，它的价值量就比较大，技术壁垒比较高，大家可以看一看这个产业，包括这个产业里的材料和加工，技术含量都很高。

大周期与小周期

姚振山：很多人认为 2021 年与 2020 年相比，并不好做了，因为流动性要收缩了。你对 A 股大的趋势有什么判断?

陆　彬：从长期的角度来说，我们正处在大类资产往权益资产配置的大周期里面，我们叠加了一个大周期和一个小周期，下面我分开来介绍一下。大周期的话，大的资产配置已经慢慢地从其他大类资产，比如房地产、信托等一些产品里，慢慢地转向投资基金或者投资权益市场的其他一些产品。而且过去几年，我国的资本市场改革也非常有效，越来越多的好企业登陆到A股市场，所以我们现在能够投资更多更好的企业。在这个资本市场改革的红利在释放，居民大类资产在搬家——可能往基金，往权益市场这边搬——的背景下，我认为我们正处在一个大周期向上发展的阶段，这是我未来几年看好的资本市场的一个大方向。在小周期里面，去年因为疫情，货币政策可能非常态化，但随着疫情的过去，货币政策可能会回归常态化。现在整体市场的估值相对偏高，风险溢价相对偏低，同时宏观和货币环境可能是中性偏紧的状态，小周期里面我们觉得可能会存在一定压力，但是这个小环境又叠加在大周期居民资产往资本市场配置的环境中，所以我觉得我们现在面临的是历史上从未出现过的一种投资环境。

姚振山：很多评论说，现在居民财富大搬家，不断地往股市里面去，比如前段时间有些基金要募100亿，结果出现了2000多亿的超额认购，类似这种事情近来是比较多的。同时，疫情防控得力以及疫苗开始普遍接种，全球经济复苏后，流动性会稍微收一点，这种复杂的情况是历史上没有出现过的。

陆　彬：对。历史上在这种小周期的环境下，大家可能会考虑到一些风险，会考虑波动会不会加剧，但今年正好又叠加了一个大周期，所以我们要结合大小周期来判断，我们认为今年可能结构性的机会会偏多一些。因为现在市场上的公司越来越多，行业也越来越多，我们可投的公司可能会超过 4000 家。过去几年表现最好的可能就是好的赛道上的龙头公司，而它们过去几年表现好，不仅受益于流动性的释放，也受益于行业的蓬勃发展。我们认为在某些基本面变弱的行业里，2021 年可能会经受一些挑战。但是同时我们也应该看到，市场的结构已经有了一些分化，可能有超过 3000 家公司在过去几年表现一般。我们如果能够在这 3000 家公司所在的行业中，找到那些在 2021 年疫情之后，景气周期在上行，估值也在偏低位置的行业，那么投资机会也是比较多的。2021 年之前的股市能有这种表现，也正是因为过去两三年市场的结构是分化的。

姚振山：既有“大周期”的利好，又要防止“小周期”带来的风险因素，那么你给大家在 2021 年的投资建议是什么？

陆　彬：2021 年，机会和风险并存。风险主要来自估值，某些行业和某些风格因子可能在 2021 年会受到考验；机会主要是说，因为过去市场的分化，我们能够自下而上地找到不少投资机会。这是我对 2021 年大方向的判断。同时建议投资者降低 2021 年收益率的预期，因为过去几年的投资收益率、回报率都很好，2021 年会不会延续，很难判断。但也希望大家相信长期的形势，相信专业的力量，建议大家去选择一个好的、负责任的基金经理帮助大家投资，这是又省时间，又省精力的一种理财方式。

"调研狂人"谈调研

姚振山：要从低估值的行业里找机会，其实需要充分的研究。但是对个人投资者来说，调研的难度是很大的，而你又被称为"调研狂人"，所以我想问一下，你平时都会从哪些维度去调研？如果我们普通投资者想调研，有没有什么好的技巧？

陆　彬：我的调研主要分为两个部分，第一部分是调研之前的工作，这部分工作非常重要。一般来说要了解这个公司在产业链上的一些基本情况，包括这些行业的情况和报表，了解清楚之后大概就知道了这个公司的商业模式和一些关键点，然后分拆出一些问题，最后才是去跟公司交流。做好准备工作可以提升调研效率，如果直接过去和公司交流，因为交流的时间有限，很难找到关键问题。第二部分是调研，各行各业、各个公司、各种商业模式都有不同的特点，我会结合各个行业的商业模式和几个关键点跟公司沟通。去调研的时候，我不仅会调研相关上市公司，也会调研它所在产业链上的公司，还包括上下游和对手的评价，这比我们直观地了解上市公司——不管是管理团队的风貌还是整个公司的形象——要更深入一些。我们更多的是去了解同行业的公司和上下游公司的观点，收集跟这个公司相关的一些信息。

姚振山：对于很多普通投资者来说，我们没有时间见上市公司董事长，也没有时间去企业看，我们只能利用自己手里的媒介，看看报告，看看新闻采访，听你们讲一讲，听研究员分析分析，那么我们怎么能对某家企业做一个相对准确的判断？

陆　彬：大的机会往往是通过对行业的判断发现的，而不是调研。我的感受是，大的机会往往发生在身边，只要发现周围出现了新的爆款产品、新的商业模式和新的业态，投资机会就出现了。举一个例子，我周围很多朋友都会选择一些无糖饮料，这就是机会。大家只要发现周围某些产品有变化或者某些商业模式有变化，顺着商业模式的变化就能够找到不少投资机会。这些情况大家看相关公司的一些介绍或者公告都能总结出来，投资机会往往就是这样被发现的。如果有机会可以跟公司进一步地去沟通，去了解行业的一些变化，那就更好了。

姚振山：所以还是要找熟悉的行业，即使不去公司调研也不一定做不好投资。我们一般什么股票都想看，喜欢动，而动多了，效果可能反而不好。

陆　彬：对。我们也做过统计，根据短期的一些信息变化，换手率相对偏高的，胜率都不高。造成影响的短期因素——不管是影响市场的因素还是影响行业的因素——都是非常多的，如果大家很关心短期，就会很焦虑，势必就会提高换手率，这样往往胜率不高，也会错失很多大的机会。如果能够理解行业的发展前景和深度，同时看得更全面一点、更大一点，就能把握住机会，相较于纠结一些短期的变化，更全面地看可能把握机会的确定性会更高。因为你对于大的方面有了判断后，对于时不时出现的一些信息的确定性的判断可能就会更准确一些，回报也会更高一些。我之前也犯过一些错误，也是在不断地总结和学习中才学会要看得更远一点、更长一点、更全面一点。

姚振山：其实这两年大家普遍反映，市场分化越来越严重，甚至“一九”现象再次出现。调研如果调研不到那个“一”，调研越努力，错误也越多。

陆　彬：第一，从海外市场来看，未来机构投资者的比例肯定会越来越高，这也是我周围的客户反馈给我的信息。其实他们很辛苦，可能做了一年的投资，最后收益还不如专业机构做的一个产品的收益率高。为什么会这样？因为这个市场越来越有效，市场参与结构发生了变化，市场的整个体制也发生了变化，优质公司会有流动性溢价和公司质地溢价，这也是过去几年A股市场里发生的情况，越来越多的上市公司登陆到资本市场平台，也有不少公司在加速退出，最终便呈现出大家现在看到的这种分化。我认为这是一个大趋势，是居民资产搬家的趋势，而且这种趋势会一直持续，这也是其他市场的历史经验告诉我们的。

第二，大家也不能盲目地去追求分化里面的“一”，大家不要以为只要买到那个“一”，就可以一劳永逸，就可以一直赚钱，我们也要结合一些好的赛道、好的行业，再结合它们的估值作判断。那些分化的行业里面，基本面变弱的、景气度在往下走的、估值偏高的行业其实也有很大的风险。在那些属于“九”的行业里面，随着基本面的变好，景气度的上行，它们的估值其实是便宜的，是有机会的。正是因为过去“一九”行情不断演绎，才导致“九”的行业里面真的有基本面在往上走的，这些行业里面的股票的估值更便宜，投资机会更多。我敬畏市场，也拥抱市场，我更多的是顺应市场，所以我会结合各个行业基本面的方向和变化，同时结合估值寻找投资机会，而不会去主动地投“一”。我也建议大家不要去做“一九”定性判断，不要觉得这样做就是一劳永逸。我觉得“一九”这样的分化，对于我们这些会主动研究的投资者来说其实是一个好机会。以前大家都说，A 股中很多公司的估值不够便宜，但现在，“九”里面往往有很多低估值的公司，它们有许多机会。大家只要对基本面，对这个行业有把握，对公司的质地、公司的能力有深度的了解，就可能有所收获。所以我说 2021 年挣的是“辛苦钱”，在这个过程中，可能对投资者的主动研究能力，对投资经验，对投资者付出的时间要求更多了。

姚振山：这跟你当研究员的经历有关系吧？你当时也看了不少行业，当你成为基金经理的时候，这几个行业的基本的逻辑或者规律，你可能看一眼或者稍微看点资料和信息就能够判断个七七八八。但对于我们普通投资者或者中小投资者来说，我们是不是可以找一两个自己喜欢的行业，也花两三年的时间看透它，像研究员这样，看透了之后，再到里面找股票，这样成功的机率能大幅度增加。

陆　彬：我认为，投资一定要做自己能力圈范围内的事情，要把握能够把握的机会。每个人的能力圈不一样，因为我们是做这个工作的，有比较多的研究积累，可能有这方面的一些知识，包括券商的知识，各行各业给我们的知识，所以我们相对来说更有经验一些。对于普通投资者来说，他主要的工作时间要花在主业上，所以在他自己熟悉的行业里去做投资判断，肯定会比他在其他行业的胜率高很多。如在投资这方面，他或许只能简简单单地看一些新闻，或者简单地听一些观点，这样的胜率就不会很高。

姚振山：有看错而后悔的时候吗？

陆　彬：投资是不能后悔的，如果后悔的话，会把大量的情绪和精力放在过去。这会耽误时间，也会影响你的情绪，因为投资永远是在追求一个大概率的事情，其实对自己的要求应该是只要做到大概率正确就可以了。每个投资者都会犯错，只要不是大的错误，不是胜率低于 50% 就行。做投资很考验心性，也需要克服性格方面的一些缺陷。

5G 与光伏的未来前景

姚振山：我们大概会把新能源分成三部分，一是新能源电动车产业链，一是光伏产业链，还有一个是风电产业链。新能源电动车今天讲得比较充分，在光伏产业链方面，我注意到你最近提了一个新的思路，就是在 2021 年再看光伏的时候，关注的是下一代光伏技术。我查了一下，在港股上，比如保利协鑫能源从 0.3 港元涨到了现在的 1 港元多（截至 2021 年 1 月 22 日，保利协鑫能源收盘价是 2.00 港元），它做的是颗粒硅的技术。在 A 股，下一代的光伏技术主要是指哪些类型？有没有对应的板块？

陆 彬：其实光伏行业是伴随着技术进步发展起来的，光伏是替代能源。要使度电成本下降，势必需要技术进步，只有提高光伏的转换效率，实现大规模生产，光伏才有可能替代煤电成为电力结构的主体，所以技术变革是光伏行业永恒的主题。

光伏行业分为硅料、硅片、电池片和组件，过去几年技术变化最大的是硅片行业。现在，硅料环节，包括颗粒硅，也有了很多技术变化。电池片行业也会迎来重大的技术变化，可能会从现在主流的P型技术往N型技术转变，带来转化效率的提升。现在主流转化效率可能是22%～23%，以后则会超过25%。就电池片行业而言，我们认为N型的新型电池技术是未来的主要变化。N型电池技术里的异质结是生命力最强的，是最有可能成为未来几年主流电池技术的一个方向。这是我们目前对于光伏行业的基本面和一些技术的看法。

姚振山：去年提到5G的少了，按照一般的投资规律，上一年被冷落的，下一年往往会变成热门，5G有没有机会？

陆 彬：其实投资要偏立体，要落地，如果一个行业很好，当然可以投，这是投资的一个必要条件。如果这个行业需求好，正在快速发展，相对来说就是一个好的赛道，这是肯定的，但同时我们也要结合这个行业的建设投资的一个周期性来判断它到底是不是好的赛道。我们都知道，过去几年国家对5G的投资力度是比较大的，同时因为一些大家都知道的原因，5G建设周期的节奏可能也会有所变化。从投资的角度来说，我们认为5G投资——不管是硬件投资，还是软件投资——未来的量都会非常大，这是我们会密切跟踪的行业。正好这个行业也发展到了基数比较高，产业链里面的公司的业绩基数也比较高，所以估值也相对偏高一点的阶段。投资要结合起来看，可能大家都觉得只要这个行业好，投资机会就非常大，其实这是一个平面的思维，而投资还要结合这个行业基本面演进的一个周期，要结合这些产业链公司的一个估值和业绩情况，综合地来做判断。我倒并不是因为觉得这个行业是未来 5～10 年会快速发展的行业而觉得它是一个机会，而是从投资的角度，从估值的角度，从业绩基数的角度，同时根据行业演进周期，进行综合判断，才把它找出来列为投资机会的，这是对 5G 的一个大判断。我们也能看到 5G 大周期行业里的小周期也同时在往上，5G 是很大的行业，细分行业特别多，我可能对于 5G 投资中偏硬件的投资持中性的观点，但是偏软的行业会是我更看好的一个细分行业。5G 偏政府采购的一些细分行业，去年因为疫情影响发展有所延缓，某些细分行业的机会可能会叠加到 2021 年、2022 年，所以相对来说，它们的机会可能比较大。

主持人手记

陆彬有好几个标签，“新能源一哥”“调研狂人”，他对新能源产业链的研究，在国内应该是比较深的，而深的原因在于深入调研基础上的敏锐，所以他说，他喜欢在“相对景气的前夜”买入股票。其实这样的投资逻辑是他的收益率能够超越行业平均值和市场平均值的保证。景气拐点来临，往往股价先动，而买在什么位置决定了未来周期走完的时候，收益率的绝对值的高低。2 元买入，10 元卖出，收益率是 500%；而一旦 4 元买入，10 元卖出，收益率便急剧下降到 250%，虽然 2 元到 4 元之间只有 100% 的收益。简单的算术题之外，却是价格高低、市值高低等因素对收益率的影响。理解了这一点，就更能理解他所取得的高收益了。

PART 10

在成长性行业赚周期的钱

张　琳 vs 广发基金经理　郑澄然

郑澄然

广发基金经理

北京大学微电子学系本科，经济学双学位，金融学硕士。2015 年 7 月加入广发基金管理有限公司，先后任广发基金研究发展部行业研究员，制造组组长，主要从事新能源行业研究。2020 年 2 月调入成长投资部工作。现任广发高端制造、广发鑫享基金经理。

截至 2020 年 12 月 31 日，管理规模达 156.98 亿元，自 2020 年 5 月 20 日管理广发鑫享以来回报率为 76.48%，同期业绩比较基准上涨 8.37%。

❖ *供需出现拐点的时候，龙头公司的业绩就会有一个持续提升的过程，而且往往会连续好几个季度实现业绩快速增长。*

❖ *在成长行业里赚周期的钱，效率会非常高，相当于弹性很大。*

❖ *影响市场变化的因素有很多，有流动性、市场情绪等，这个时候就要在仓位变化比较稳定的情况下，从板块角度出发，回归行业产业逻辑，从产业发展阶段性上做一定考虑，还要从整个二级市场给股票的估值角度去思考。*

❖ *我非常注重胜率，而胜率要靠估值去评判，包括对市值空间进行判断。*

❖ *我还是比较希望赚周期那一端的钱，那样效率最高。而当某些公司资产大幅下降以后，我可能愿意去挖掘新的资产，新的胜率比较高、效率比较高的资产。*

❖ *可以从供需判断行业的拐点，另外很重要的一点就是对这个行业的成长性、未来的空间去做一个评估，最后回到对胜率影响很大的估值上。*

❖ *大家对机会的定义可能不太一样，我讲一个很通俗的道理，就是收益和风险是成正比的。*

❖ *可以对长期成长性行业、新兴行业保持紧密跟踪，很多机会是*

阶段性拐点，发现拐点和确定性机会时就应毫不犹豫地出手。

❖ *对于投研工作来说，调研是一个非常直接、非常有效的手段。*

“90 后”基金经理凭什么

张　琳：一名“90 后”基金经理，单独管理的第一只基金首年收益就高达 133.83%，大家说你“出道即巅峰”。当然，议论声也有很多，有人说这是出于实力，也有人说这是出于运气，还有人说这是平台的力量，毕竟背靠大树好乘凉。你自己怎样看待过去的成绩？

郑澄然： 客观地讲，的确是几个因素综合的结果。我到广发基金后一直负责新能源行业研究，在这个行业已经研究了四五年的时间，而 2020 年是新能源整个板块爆发的一年，我在供给端的这些积累，在自己熟悉的领域的底部挖掘到了机会并及时出手，是我能取得成功的一个重要原因。另外一个原因是市场风格等一些偶然因素的影响，再就是整个公司平台对我的研究提供了很强大的支持。

张　琳：你现在管理的基金规模有多大？

郑澄然： 从 2020 年四季报的数据看，广发高端制造大概在 150 亿左右，另外一只可能稍微小一些，加在一起是不到 200 亿的规模。

张　琳：一个人管理100多亿规模的资金，压力大不大？

郑澄然：压力肯定是有的，毕竟100多亿的资金背后是几十万家庭，每天醒来我都在想千万别给他们亏钱了。相对来说，我的抗压能力还可以，既然我选择了这个行业，选择了这份职业，我就会按照自己的路数，不断地去学习，努力守好这些资产。

张　琳：但是我一直在想，你不仅看上去年龄小，而且也没有特别丰富的实战经验，你怎么敢操这么大的盘？专业机构投资者和普通投资者有什么不同？

郑澄然：客观地讲，我没有当过个人投资者，在学校的时候，也没有炒过股，但我身边有一些股民，包括我的一些家人会炒股，但收益都不太理想。我加入公司管理基金后才发现，很多人是通过一些技术分析炒股，也有人是抱着纯投机的心态，相对来说他们的认知比较粗浅，而且都是利用业余时间来做。而我们则是从研究员做起，到后来管基金，在这个过程中我们要用好几年的时间进行行业研究，还要经常对市场进行复盘。所以还是那句话，“专业的人做专业的事情”。

张　琳：每个基金经理都有不同的个性，不同的逻辑判断能力，不同的风格，这对于普通投资者来说也是一种借鉴。你自己的投资风格是怎样的？

郑澄然：我的投资风格就是在成长性行业里面赚周期的钱。听上去有点拗口，又是成长，又是周期，到底是怎么回事呢，我稍微解释一下。通俗地讲，就是我会长期跟踪我所熟悉的一些偏成长性的行业、长期来看空间比较大的行业，等到阶段性供需出现拐点的时候，如果估值也在合适位置，我就会重仓买入。

这背后的逻辑是什么呢？为什么要强调成长性行业呢？因为我熟悉的一些行业偏制造业，甚至偏硬件的领域，它们永远离不开中短期供需的约束。当我结合估值的水平，判断整个供需阶段性周期、行业景气度周期向上的时候，也就是供需出现拐点的时候，龙头公司的业绩就会有一个持续提升的过程，而且往往会连续好几个季度实现业绩快速增长。在业绩提升的过程中，大家对它的长期空间会越来越乐观，对估值的容忍度也会越来越高，它的估值水平就会不断往上走，这就是经典的“戴维斯双击”。

在成长行业里赚周期的钱，效率会非常高，相当于弹性很大。但这也非常依赖胜率，如果做对一次又做错一次，可能收益就是零，一次赚一次亏，就没有意义。所以胜率的把握要依靠对供需拐点的判断，也就是精确度，而对精确度的把握是需要长时间的研究和积累的。

张　琳：所以相对于做从 0 到 1 的事情，你更偏重于去选择从 1 到 100 的这样一个过程？

郑澄然：我觉得一级市场、二级市场是有一定区别的。从 0 到 1 可能更类似一级市场的投资，相对来说不确定性更高，胜率比较难把握一些。而二级市场主要投的是公司的内在价值，投资者往往希望这个公司的内在价值和它实际的价格水平有一个回归，所以我更注重的是二级市场的确定性。

张　琳：你一直在说胜率，那么你怎么看待胜率和盈利率之间的关系？

郑澄然：这两者并不矛盾。我们选出来的板块，包括化工、军工、新能源，效率都很高，盈利弹性也都比较强。举一个最简单的例子，回顾一下过去我们在高端制造、光伏、化工上的布局，我们当时就觉得胜率会非常高，因为这些行业面临一个确定性的趋势——需求在向上，供给又有一定收缩，产品价格可能会阶段性向上走，企业的盈利会连续几个季度超预期。那时市场上关注它们的人很少，导致它们的估值很低，甚至只有个位数。而在我的体系里面，估值不仅包括相对估值 PE 水平，还包括绝对估值，现金流折现，甚至包括长期市值空间评估。在把握某个板块的机会时，如果不管从哪个角度评估其估值，都能看到比较大的空间，就说明它的确定性比较高。只要整个市场不出现系统性风险，这个板块的股票大概率有很强的边际，胜率也是比较确定的。

适时调仓，赚周期的钱

张　琳：说到你的个人标签，我看有这样几种评论，风格激进、集中持仓、高换手率，你怎么回应？

郑澄然：我自己认为我是一个偏保守的性格，特别是在投资态度上。我刚开始接手这个产品的时候，定位就是要绝对收益。几十万的持有人，他们把钱交给我，我首先要保证安全，假设出现一些大幅度回撤的话，可能是大家都不太愿意看到的事情。所以从我自己的框架出发，从绝对收益的思路去看，我决定在 2020 年年底调仓。

张　琳：2020 年 12 月，广发高端制造一度在权益类基金中排名第一，调仓之后，出现了比较大的下滑，现在来看，当时的调仓行为，会不会早了一点？

郑澄然：评价早和晚，相对来说都是一个看“后视镜”的行为，当初我们买入布局的时候，相信自己做出了精准的判断，所以在比较短的时间内就采取了行动。但谁也不能精准预知市场会怎么变，影响市场变化的因素有很多，有流动性、市场情绪等，这个时候就要在仓位变化比较稳定的情况下，从板块角度出发，回归行业产业逻辑，从产业发展阶段性上做一定考虑，还要从整个二级市场给股票的估值角度去思考。

从结果来看，新能源兑现的时间确实偏早了一些，错过了最后的一些涨幅，确实有点可惜。但是在 2020 年 12 月份的时候，整个行业的估值水平、涨幅，对我来说，胜率已经不是那么可控了，甚至降到了四五月份布局时的胜率水平之下，所以回过头重新思考的话，出于绝对收益和周期的考虑，我仍然还是会选择兑现。

张　琳：你会不会过于注重短期业绩了？

郑澄然：大家肯定都重视长期业绩，但短期业绩也同样重要。如果我非常注重短期业绩，那拿着这些股票不动会更好一些，恰恰是因为追求一些长期的收益，所以我才会提前做一些布局。追求长期收益一定要有自己的框架，一定要按照自己的模式来操作，也就是要有自己的一个套路。调仓的决定就是从一个长期的角度考虑，践行自己的框架和理念的表现。

张　琳：可是对于很多普通投资者来说，频繁调仓，很容易一着不慎，满盘皆输。

郑澄然：我不会频繁地去调仓，基本上每次调仓我都是按照框架体系去做的。比如找到一类处于底部位置的资产时，我可能就会投它，如果这个资产短期涨幅或者估值没有达到我的目标空间，但我仍然觉得胜率比较可控，那在它达到一定位置前，我不太会去动它，但是当我觉得它到了一个不太可控的位置时，我就会选择兑现。历史上其实也出现过持仓周期相对较长的情况，只是今年新能源确实比较特殊，它的效率真的太高了，即便如此，它也花了大半年的时间才达到我预期的市值空间。

张　琳：你减持新能源车是觉得这个板块到了一个周期性的、阶段性的顶部了吗？

郑澄然：顶部不好说，只是在我的框架体系下，胜率没有那么高了，所以做了减持。我非常注重胜率，而胜率要靠估值去评判，包括对市值空间进行判断。当时它的市值空间、估值水平到了我觉得可能胜率没有那么高的时候，在我自己没有太大把握的情况下，我就从控制风险的角度出发做了一些减仓。

在光伏方面，我们也做了一定比例的减持，核心考虑也是如此。我们当时买的时候它的估值很便宜，所以我们享受了很大一波涨幅，这波涨幅之后，我们经过评估发现它的估值水平和性价比相对有一点弱化了，就做了一点减持。

张　琳：如果大方向没问题，并没有见顶，为什么不能忍受可能的短期回撤？

郑澄然：如果开始回撤，回撤的幅度肯定是不太可控的。回顾这些股票的历史，可以看到这一类公司的特点是确实存在一定的经营周期。我个人的理念是，等到它们的经营出现一些阶段性的不符合预期的情况时，我就会做一定的回撤，因为我还是比较希望赚周期那一端的钱，那样效率最高。而当某些公司资产大幅下降以后，我可能愿意去挖掘新的资产，新的胜率比较高、效率比较高的资产。

张　琳：对于你看到的风险，比如新能源，减持之后，在什么样的时点你会考虑重新加回来？

郑澄然：2021 年会不会加回来不好说，新能源这个行业虽然不可否认会出现阶段性的波动，但长期空间还是很大的。不管是新能源，还是半导体，或者科技方向，都是长期非常好的行业，符合国家长期战略规划方向。这些方向肯定有机会，在未来某个时点，我可能也会重新买入这些行业。

关于供需拐点的判断

张　琳：刚才你提到了减持一些资产之后，你会挖掘新的资产，尤其是会特别重视拐点行业，那么怎么才能找到可能被低估的，别人还没有发现的金子？

郑澄然：可以从供需判断行业的拐点，另外很重要的一点就是对这个行业的成长性、未来的空间去做一个评估，最后回到对胜率影响很大的估值上。比如说我们看到一个行业的景气度在上升，供需关系很紧张，整个行业的中短期周期是确定向上的，但是估值在很高的位置的话，我对它的胜率的评估也会相应降低，我也不会去买。

张　琳：我们用光伏来举例子，你们团队2020年就是在低点挖掘了光伏行业，当时是从哪些行业的信息点上发现光伏会迎来一个拐点？

郑澄然：2020年我们在光伏的整个布局相对来说比较成功，特别是在买点的把握上，基本上都是在最底部的位置去布局。

首先，光伏是偏成长性的行业，在新能源替代传统能源的过程中，行业目前的渗透率还比较低，未来空间很大，而行业的成长性又是大家一致认可的。

其次，它当时面临的阶段性基本面有所变化，可以从几个层面来分析。第一个层面是需求端，基于对行业长时间的研究，我找到了一些规律性，比如这个行业的需求和它的产品价格是负相关的，特别是海外的需求情况，可能还有一定滞后性，也就是说终端产品价格降了，需求就起来了。光伏在海外是类投资品的东西，初始投资价格下去了，收益率就起来了，这很好理解。2020年一季度，受疫情影响，光伏产品的价格降了很多，我当时就判断，二季度末到三四季度，需求会相对比较好。第二个层面是政策端，当时很多国家急切地推行了一些财政刺激政策，其中欧洲的刺激计划主要以新能源为着力点，所以可以预判，光伏行业的海外需求在三四季度也会有比较好的修复。第三个层面是供给端，光伏 90% 的供给来自中国，而一季度时很多企业停工停产，导致一些小企业被出清，行业集中度提高。这样一来，当需求恢复时，对于龙头公司来说其实是非常有利的。

基于以上考虑，当 2020 年的三四季度，龙头公司的估值被拉到很低的位置时，我们认为整个行业的周期是向上的，可以看到往后几个季度的业绩修复，而随着市场信心的增强，它的估值又会往上提，长期空间会比较乐观。后来光伏行情的演绎基本上是按照我们当时的思路在走的。

张　琳：判断拐点的时候，供需层面的变化是不是最需要关注的？

郑澄然：这个问题可以往深层剖析一下。我一直在看制造业，制造业离不开供给和需求。主要研究制造业的基金经理，常挂在嘴边的一个词就是“供需”，但可能我对供需的研究和理解跟市场有点不太一样。

首先看需求端，我在需求端的研究上花的时间最少，因为受国家新兴产业政策、外部环境的较大影响，需求端的波动比较大，想要有效预测的难度也很大，而做投资更倾向于把需求简化成一致预期。举个例子，普通老百姓都知道，现在电动车的需求很大，绿牌的车越来越多，机构投资者也能感知到，这就是所谓“一致预期”。所以一致预期的需求端可以不用做太多考虑，我觉得判断供需拐点，更多地要在供给端下功夫。

我说的供给端，包括企业的竞争力，整个产业上下游的发展趋势等。我们需要长时间跟踪产业行业的变化，收集很多信息，还要定期回顾一下其中有哪些规律，做一些复盘，分析一下这么多年来波动的原因有哪些。只有在供给端有比较长时间的积累和深刻的认知，再结合需求端的一些假设，才能够比较具有前瞻性地判断供需的拐点。

张　琳：你们对于化工的布局也是从这样的供需框架入手的吗？

郑澄然：从我的供需框架出发，化工也是我在三季度逐渐布局的一类新的胜率比较高、效率也比较高的资产。

从需求角度看，化工行业的大部分需求可能跟国家的 GDP 水平有一个比较大的关联。一些细分领域，比如新材料，会有渗透率提升甚至替代的过程，它们的增速会更高。2020 年上半年受疫情影响，它们的整体需求阶段性表现不太好，但三季度随着全球经济的复苏，需求又重回快速提升的轨道，之后会平稳增长。

从供给端来看，化工企业的供给格局分国内外两个市场。国内疫情控制在全球范围内可以说是最好的，在海外工厂开不起来的情况下，我们国家的工厂可以比较正常地生产，所以供给端恢复得挺好，整个供给格局也变好了。另外，这几年我们对环保的要求很严，很多小企业陆续关停了，海外也有工厂倒闭。竞争对手的出清，有利于龙头公司供给情况的改善。

张　琳：本周电子烟概念的集中爆发符合你对拐点的判断吗？

郑澄然： 符合，我之前也重仓过这些公司。其实这个赛道很好，它的成长性非常高，尽管它仍受一些政策、监管等的影响，有一些波动。电子烟减害比传统香烟有效，这是毋庸置疑的，它的产生与流行有点类似消费升级，甚至是消费替代的过程。电子烟行业的渗透率现在比较低，从欧美企业的发展情况看，接下来必将呈现一个爆发式的增长。我们看到一些电子烟的生产企业，创立时间不长，却很快就能把公司的体量做大，这也从侧面反映出，这个行业的赛道处于很大的风口，我会长期保持关注，重点花精力去研究。

顺周期的赛道切换

张　琳：从 2020 年 12 月中旬开始，广发高端制造前十大重仓股发生了比较大的变化。很多人都问，主题一直为高端制造的基金，为什么会调入银行、保险、建筑、煤炭这些标的，逻辑到底是什么？

郑澄然： 我们调入的都是传统的顺周期板块。用煤炭来举例，基于供需判断，在全球步入复苏通道，供需关系会发生一定改变的情况下，最近大宗商品的走势，包括煤炭商品的价格其实在一路往上涨。我兑现了一些新能源的收益，对这些顺周期行业做布局，就是出于它们的低估值和高分红率的考虑。我觉得它们是安全边际很足的一些板块，本身分红收益率已经到了很高的位置，再加上这些股票的估值也在相对底部的位置，所以从绝对收益的角度来看，这些股票很难亏钱，至少不会亏大钱。综合来看，这类股票所处行业比较稳定，格局比较清晰，它们自己又都是行业龙头，确定性高，估值低，分红率又比较高，所以还是很有机会的。

张　琳：一个高端制造主题基金买入大金融板块，大家可能还是比较困惑。

郑澄然：高端制造是一个主题基金，也就是说它要把80%以上的资产投资于主题类资产，而投大金融更多的还是出于顺周期考虑，你可以看到一些银行的业绩都是超预期的，整个资产质量也在大幅改善。它们可能不像成长性的行业一样，大家有比较强烈、乐观的预期，阶段性的拐点可能也没有那么大，但它们的机会都是偏稳定的，而它们的估值又确实在一个很低的水平，从确定性的角度来看，胜率会比较高。

张　琳：但是很多人，包括一些基金经理的持仓中都不会考虑银行、基建等传统行业，因为相对其他更确定、收益更大的机会来说，持仓这些股票，可能意味着跑输大盘。

郑澄然：大家对机会的定义可能不太一样，我讲一个很通俗的道理，就是收益和风险是成正比的。一些成长性行业，如果估值在比较高的位置，它的胜率对我而言肯定是低的，因为总会有价格和价值偏离的过程。一些所谓“不太好”的传统行业，甚至“垃圾”资产，其实仍然是有价值的，只是可能不如成长性行业那么诱人，但价值和价格没有那么大的偏离，也是一个机会。

张　琳：你今年决定重仓哪几个赛道？会在什么时点进行调仓？

郑澄然：站在这些时点，我们可以对长期成长性行业、新兴行业保持紧密跟踪，很多机会是阶段性拐点，发现拐点和确定性机会时就应毫不犹豫地出手。目前化工是我相对比较看重的板块，其中炼化、化工新材料及对传统材料有一些升级的新材料领域，是我们重点看好的方向。

张　琳：化工也是顺周期品种，就目前价格水平来看，你觉得2021年化工行业的空间有多大？

郑澄然：我觉得化工以及一些顺周期的品种，在2021年还有比较大的空间。随着开春以后气候转暖，如果疫苗比较有效，人群接种率达到一定程度后，疫情的影响会淡化下来。如果全球经济恢复正常走势，一些被压制的需求将迎来反弹，2021年的经济形势整体会比较乐观。而化工行业的需求跟经济形势、GDP是正相关的关系，在经济修复的预期下，这一类资产，还有它们的产品价格都还有上行空间，业绩也会比较好。

张　琳：最近半导体板块遭遇国家大基金减持，出现了比较大的波动，我记得你是学电子专业的，会关注这个板块的机会吗？

郑澄然：我本科读的是北大微电子专业，有很多同学都在这个行业里，我的确也会关注。

大基金减持其实不是第一次了，要理性看待，减持只是滚动支持行业发展的过程。大基金设立的初衷就是依靠资本滚动扶持国内的半导体产业链，由于是商业化运作，因此会有一定的期限和考核要求。目前这一批被减持的半导体公司，投资的年限已经比较长了，大基金做了一定兑现后，并不会把钱撤走，仍然会滚动地继续投资这些产业，所以大基金减持对于整个板块的影响是微乎其微的。

我们要看到这个行业确实发生了非常大的良性变化。从自身角度来说，半导体行业除了基础材料和一些核心零部件以外，还有一些设计环节，如封装环节和工艺制造环节，但更多的是比拼研发人员、工程师的努力程度，这一块我们肯定不输欧美。举个例子，我在这个行业内的同学，这些半导体工程师，他们每天的工作时间都在 10 个小时以上，而欧洲的工程师、美国的工程师可能每天只工作 6～8 小时。从业人员的奋力拼搏，促使这个行业有了很大进步，特别是这一两年的成绩十分突出，中国的半导体产业在全球半导体领域已经占据了一席之地。

从需求端来说，自主可控地扶持国产供应商已变成很多企业的自发行为，不再需要靠政策约束，这使得这个行业呈现出一种非常良性的发展态势。2020 年下半年，半导体行业有一阵回调，可能和中美贸易摩擦有关，如果中美科技完全脱钩，我们的半导体行业相对来说会比较难，但如果中美关系逐步修复，产业发展就有了外部环境的支持，趋势就会很明确。

从估值来看，现在半导体行业景气度很高，代工厂产能吃紧，也有业绩，基本面趋势也很好，但是绝对估值过高了，胜率不会很高，不过我会密切关注，重点跟踪。

深度调研，高效验证

张　琳：现在很多人说接下来要降低收益预期，你对于整体行情和市场风格变化有什么样的判断？大家该进入防守阶段了吗？

郑澄然：先说结论，2021 年还是有比较好的机会的，肯定不需要完全拿出防守的态度。我可以给大家分享两个小故事。2019 年年底，大家在交流对 2020 年的市场的看法时，都觉得 2020 年要降低预期收益，但 2020 年过去了，这些小伙伴的业绩比 2019 年还要高。2020 年年底的时候，同行之间又一次进行交流的时候，都在问 2021 年是不是要防守了，市场是不是不好做了。但从对市场的复盘来看，2020 年的行情和 2019 年特别像，都有一些一直在涨的板块，如白酒、医药；2019 年排名靠前的基金重仓半导体，2020 年排名靠前的基金重仓新能源；时点也很像，半导体是在 2019 年二季度末、三季度初开始强势爆发的，新能源也是从 2020 年三季度开始爆发的。所以从对过去两年的复盘来看，可以发现这两年都是结构性的机会。

我觉得 2021 年也是一样的。基本面有比较大变化的、机构都认可的行业，仍然会有很好的机会，不仅是业绩暴发增长，还有估值扩张的可能；偏稳定类、偏消费类的行业会有一个温和的业绩增长，同时叠加温和的估值扩张；对新能源、半导体板块来说，当阶段性基本面发生大的变化，或者在大家对它的未来预期发生很大变化的时候，就会出现阶段性业绩暴发叠加阶段性估值强烈爆发，所以我相信在 2021 年仍然会有很好的机会出现。

张　琳：这个时候，大家是不是要对行业做更加深入的研究？

郑澄然：其实我们有很大一部分工作内容是去调研，包括几个层面，第一个是行业层面的草根调研，也就是挖一些行业数据，或者找行业里的专家、熟悉这个行业的人做一些访谈，对这个行业做一些调查统计。第二个是对上市公司的调研，更多的是和公司负责接待投资者的人，或者公司的负责人、管理层做一些交流，从而了解整个公司的战略，跟踪公司的经营情况。我们在二级市场做投资时，调研的次数、频率通常都比较高，对于投研工作来说，调研是一个非常直接、非常有效的手段。

张　琳：你在投资过程中有没有总结一些教训？

郑澄然：有。我刚开始做投资的时候，略带情绪化，总是会关注一些个股怎么一直跌？怎么还不涨？这种情绪可能影响过我的判断，导致我的操作存在一些失误。我反思过，也认识到了很重要的一点，就是不能被市场情绪所左右。给大家推荐一本一位沃顿商学院教授写的书：《股市长线法宝》。这本书回溯了美国市场和全球市场的发展过程，每一次读这本书我都会有不一样的看法，让我可以以史为鉴。

张　琳：作为业内人士，你会给普通投资者一些什么样的建议？

郑澄然：其实我和大家一样，也是一个基金投资者，我可以分享一些个人的经验和想法。我觉得对基金投资来说，要立足长远，我们要追求长期的回报。具体来说，就是可以选择一些长期偏稳健的产品或者行业，作为自己的底仓。然后根据自己比较看好的，或者自己在生活当中感知到的一些投资机会，适当地选择这种方向的一些基金做一定的弹性配置，我想这会是一个比较好的组合投资方式。

主持人手记

1991 年出生的郑澄然，是我们这次对话的 10 位基金经理中最年轻的一位。师从刘格菘，第一年管理基金就超百亿，年收益率超 133%，全市场年度排名第七……这样一份从业履历可以用“出道即巅峰”来概括。我不禁好奇，这个年轻人会不会运气太好了呢？当时的他用很坦诚也很理性的回答，部分打消了我的疑虑，没想到的是，我更多的信服源于不久后抱团股的瓦解。就在新能源板块深度回调前差不多两个月的时间，郑澄然做了一次大调仓，砍掉了当时最火的新能源，换到了化工等顺周期板块。这次调仓让广发高端制造 A 的年度收益率，从全市场排名第一最终掉到了第七，市场争议声很多。今天再次回看他当初的选择，我想应该没有人会去过多质疑了，因为正如他反复强调的，所有的操作都是出于追求绝对收益和周期性的考虑，都是按照他自己的投研框架体系进行的，“知行合一”的实践大抵如此吧。

INVESTMENT
TREND
投资
大趋势